诗圣杜甫传

员晓博◎编著

中国社会出版社
国家一级出版社·全国百佳图书出版单位

图书在版编目（CIP）数据

诗圣杜甫传／员晓博编著．—北京：中国社会出版社，2017.12
ISBN 978-7-5087-5495-6

Ⅰ.①诗…　Ⅱ.①员…　Ⅲ.①杜甫（712—770）—传记
Ⅳ.①K825.6

中国版本图书馆 CIP 数据核字（2017）第 273986 号

书　　名：诗圣杜甫传
编　　著：员晓博

出 版 人：浦善新
终 审 人：王　前
策划编辑：张静波
责任编辑：杜　康　　**责任校对：**张永刚

出版发行：中国社会出版社　**邮政编码：**100032
通联方式：北京市西城区二龙路甲 33 号
电　　话：编辑室：（010）58124864
邮购部：（010）58124848
销售部：（010）58124845
传　真：（010）58124856
网　　址：www.shcbs.com.cn
shcbs.mca.gov.cn
经　　销：各地新华书店

中国社会出版社天猫旗舰店

印刷装订：中国电影出版社印刷厂
开　　本：170mm×240mm　1/16
印　　张：15
字　　数：220 千字
版　　次：2018 年 1 月第 1 版
印　　次：2019 年 7 月第 2 次印刷
定　　价：39.00 元

中国社会出版社微信公众号

序　言

纵观中华五千年历史，可称为“圣”者仅仅十四人，他们分别是：酒圣杜康、文圣孔子、史圣司马迁、诗圣杜甫、医圣张仲景、武圣关羽、书圣王羲之、草圣张旭、画圣吴道子、茶圣陆羽、兵圣孙武、谋圣张良、木圣（科圣）张衡、药圣孙思邈。这些人可谓百年一出，是中华历史上十四颗璀璨的明珠，他们所涉及的领域涵盖了经济、军事、艺术、医学乃至生活的方方面面。这些传承共同构成了中华民族的文化之魂，是先贤留给后人的宝贵遗产。

对今人来说，历史人物的生平大多充满谜团，他们的经历几乎都被湮没在历史洪流里，研究者只能从史料和民间传说中获得一些线索和模糊的碎片，然后通过对其生活的时代、走过的地域、交往的人群、传世的文字的梳理和整合来串联他们的一生。作者写这部传记，力求每一段过程都有其根源，不违背历史，同时杜绝文字的晦涩难懂，尽力用现代的语言来阐述历史的故事，让不同年龄层的读者都能有所收获。同时，由于杜甫的资料大多来源于他的诗作，所以对于有重要历史意义和对后世影响巨大的诗词，作者尽量逐句翻译；对于次重点的诗词，尽量把诗文的意思解释清楚；其他的诗词则尽量一笔带过，不占用太大的篇幅。

由于缺乏史料，叙述过程中难免会有空白和断层。对此，写作时的原则是：空白的地方让它空白，断层的地方让它断层，不随意篡改历史，也不做毫无根据的推断和想象，力求将诗圣的生平展现在这本书中。

杜甫出生在官宦世家，算是个典型的官二代，其十三世祖在晋代便是著名大将——当阳侯杜预。从杜预开始，杜氏家族世代当官，从晋朝到唐朝，史书里都有记载。但这并不说明杜甫的家业有多么富裕，实际上他们家也就前几代人的官做得比较大，南北朝时期有做到右丞和侍郎的，相当于现在的国务院总理和部长；隋朝之后，都是一些县令、员外郎之类的小官。可见，杜甫的家族就是一个具有悠久传统，但却日渐衰落的封建官僚世族。杜家的家族史与杜甫一生的经历何其相似，大概因为有这样的家族文化沉淀，才让他面对大唐的盛衰巨变能有那么多感悟，面对民生疾苦能有那么多感叹，面对山河破碎能有那么多悲鸣，面对异族入侵能有那么多愤怒。人的一生若能享安乐，谁愿意颠沛流离？杜甫的一生正是颠沛流离的一生，幼年丧母，客居在姑姑家里；少年随父移居郾城，青年漫游吴越之地；待到而立之年，混迹官场而不得志，目睹民苦而不得法，亲历外族侵略而不得力，逐志无路、报国无门。现实的残酷、生活的所迫与诗人本身的世界观产生了强烈的碰撞，无奈的妥协、妥协之后的压抑、压抑过后的爆发，铸就了杜甫诗歌“沉郁顿挫”的风格。而诗人也在这个过程中完成了由自我向苍生、由单独视角向系统思考的转变，使得后人通过他的作品可以比较客观地看到这段历史。

杜甫的晚年无疑是凄苦的，但诗人心境的蜕变却让他可以接受这种苦，甚至在苦中还能找到一些乐趣，这些都是诗圣留给后人的智慧和财富。

本书在写作过程中，获得了徐玉霞、张振华、张春霞、李志涛、卜伟欣、卜广、吕小娟、卜国英、刘佳等人的帮助和支持。在此，对他们表示最真诚的谢意。

目录

第一章
诗　心

童年的不幸，却是一生难得的幸福时光；佳人的剑舞，是谁撩动了六岁孩童的心？

七龄思即壮，开口咏凤凰。
九龄书大字，有作成一囊。

——节选自杜甫《壮游》

引　言

大唐睿宗太极元年（712 年）正月，新春伊始，隆冬未远，中原大地还是一番冬日景象。在河南巩县城东二里的瑶湾村，一声婴儿的啼哭打破了满屋的紧张气氛。这声啼哭高亢而尖锐，刺穿了屋顶的云层，响彻大唐的上空。为他接生的稳婆长出一口气，用衣袖擦了擦额头的汗珠，面上露出疲惫的神色。床上躺着的妇人已是气喘吁吁，处在半昏半醒之间，微合的双目慈祥地瞄了一眼初降的孩儿，便沉沉地睡去，脸上浮现出慈祥的笑容，仿佛鬼门关走过的这一遭已经不足挂齿。孩子的父亲大步走到床前，看着床上的妻儿，眼光中充满了关切，嘴角微微扬起的弧线又掩饰不住初得麟儿的欣喜。而立之年方得子，对于任何一个男人来说都是值得庆贺的事情。而此时此刻，这间屋子里所有的人，无论如何也不曾想到，眼前这个仅仅两个巴掌大小、略显羸弱的婴孩，竟会成为照耀中国诗坛的一颗万古璀璨的巨星。

1

杜甫出生以后，他母亲的身体一直没有恢复，几年之后便去世了，当时杜甫还不记事儿。父亲杜闲只好一边忙着公务，一边照顾儿子，时间长了便感觉力不从心。杜闲是一个认真而古板的人，工作上的事情喜欢亲力亲为，也不搞行贿受贿那一套。家里并不富裕，只好把年幼的杜甫送到洛阳他二姑家里寄养。

杜甫的二姑是个传统的女人，对这个没有母亲的侄儿疼爱有加，视如己出，甚至比对自己的亲儿子还要亲。有一次，杜甫和二姑的儿子同时感染了时疫。这可是要命的大病，二姑用了各种方法治疗都不见好，万般无奈只好请来一个女巫。女巫说，这屋子东南角比较吉利，二姑便把杜甫抱到了东南角的炕上。后来，杜甫渐渐好了起来，而二姑的儿子却不幸夭折。年幼的杜甫当时并没有关于这件事情的记忆，他可能都不会记得自己曾经患过这样的重病，更不会记得二姑为他治病过程中所作的艰难决定。他长大后，无意得知了这件事情的始末，便在心理上留下了阴影。这件事情也在他生活的开端为他涂上一层悲剧的色彩。

唐玄宗开元五年（717 年），杜甫的父亲杜闲担任郾城尉（相当于现在的副县长），便把杜甫接到了郾城。郾城位于沙澧河交汇处，凭借发达的漕运，经济发展得非常不错，文化也很繁荣，不仅经常有各种各样的文艺演出活动，而且涌现出了许多名闻遐迩的艺术家，公孙大娘就是其中的佼佼者。

有一天，年幼的杜甫跟随父亲逛街，突然发现广场被围得里三层外三层，人群中时不时发出欢呼声。杜甫心中好奇，就求父亲带他过去看看。由于人多，杜甫个子矮，杜闲便让儿子骑在自己的脖子上，向人群的方向走去。人们看见县尉来了，脖子上还坐着个孩子，便主动让出一条路来让他们走到内圈。只见，圈内一个妙龄佳人身穿彩衣，双手持剑上下翻飞，身上的彩衣虽然颜色艳丽却是戎装风格，衬得佳人英武非凡。原来是公孙氏在表演剑器舞。杜甫的眼睛都看直了，心也随着舞者手中的双剑站上云端。他感觉四周寂静无人，一种特殊的气氛弥漫了整个空间，那个看起来纤细的身躯却迸发出强大的力量。这对体弱多病、在姑母疼爱中长大的杜甫来说，无疑打开了一个全新的世界。也许此时此刻，他才体会到自己是一个堂堂的男子汉，才体会到自己不应该只在家人的疼爱下羸弱地生活着。从此刻起，杜甫的世界观发生了变化，他再也不是一个浑浑噩噩的官二代，而开始思考人生了。

2

杜家作为有传承的家族，先祖的功业杜甫肯定是耳熟能详。看完公孙氏的剑器舞之后，杜甫便把自己的先祖杜预和祖父杜审言当作了偶像。杜预不仅是一代名将，还是一位博学大儒，在《左传》的研究方面很有建树；杜审言则是唐初著名诗人，是五言诗的创始者之一，在诗坛颇有一些地位。

有了偶像就有了方向，杜甫开始认真学习诗文。杜闲见儿子有弘扬先祖威名的志向，非常高兴，便请了当地一位有名的先生给杜甫做家庭教师。庆幸的是，这位家庭教师并不是迂腐的人，所以并没有从传统的《周礼》《孝经》《尚书》《春秋左传》开始教授，而是先叫杜甫学习许慎的《说文解字》。他先带杜甫到许慎的墓前祭拜了一番，完成了“开笔礼”，然后便开始了系统的学习。

上学后，杜甫的学霸本色展露无疑，第二年便开始写诗，“学诗犹孺子，乡赋忝嘉宾”（《奉赠鲜于京兆二十韵》）。晚年写的《壮游》

中还记载了他最早的一次创作："七龄思即壮，开口咏凤凰。"可见杜甫的第一首诗中吟咏的便是神鸟凤凰，而晚年杜甫的诗歌已经非常成熟，此时尚且提及幼时的作品，大概这首诗也是诗人的得意之作。非常遗憾的是，诗圣的处女作已经失传了，不过从诗人其他的诗句中不难看出，他对凤凰这种想象中的神鸟的热爱。据统计，不管作为直接吟咏的对象还是作为比喻，杜甫诗中提及凤凰的不下六七十处。他似乎越来越有意识地以凤凰作诗。这种象征了祥瑞和太平的神鸟，便是他的图腾，是他伟大的政治抱负的具体体现，是他"窃比稷与契""再使风俗淳"的伟大梦想的精神来源。乾元二年（759年）七月，四十八岁的杜甫弃官西去，从秦州（今甘肃天水）前往同谷县（今甘肃成县），在经过同谷东南十里的凤凰山时，作了一首著名的诗《凤凰台》。

亭亭凤凰台，北对西康州。
西伯今寂寞，凤声亦悠悠。
山峻路绝踪，石林气高浮。
安得万丈梯，为君上上头。
恐有无母雏，饥寒日啾啾。
我能剖心血，饮啄慰孤愁。
心以当竹实，炯然无外求。
血以当醴泉，岂徒比清流。
所贵王者瑞，敢辞微命休。
坐看彩翮长，举意八极周。
自天衔瑞图，飞下十二楼。
图以奉至尊，凤以垂鸿猷。
再光中兴业，一洗苍生忧。
深衷正为此，群盗何淹留。

——杜甫《凤凰台》

《凤凰台》可以说是一首浪漫主义与现实主义相结合、兼具抒情和纪行功能的作品，展示了诗圣即使落魄逃难、流离失所，依然保持着极高的爱国热情的精神境界。浦起龙在《读杜心解》中说："西伯二句，为一篇命脉。兹台非岐山鸣处，公待因台名想到凤声，因凤声想到西伯。先将注想太平之意，于此逗出。"又说："是诗想入非非，要只是凤台本地风光，亦只是杜老平生血性。""我能剖心血，饮啄慰孤愁"，他慰藉的何止是失去母亲的凤雏的孤愁，也是在祭奠自己未能实现的宏大夙愿和不被当权者所看见的赤诚之心。

到了九岁的时候，杜甫已经开始临摹虞世南的书法，"九龄书大字，有作成一囊"，可见在学习上他就是那种现在常说的"别人家的孩子"。这样的学习经历对杜甫的艺术修养非常有帮助，因此在他成年后的许多诗作里体现出了对书画理论深刻的见解。

此时的杜甫，相比幼儿时的体弱多病已经发生了脱胎换骨的变化，就像他所处的那个时代一样，到处都是一番欣欣向荣的景象。也许是因为文字的力量点燃了他的诗魂，也许是那个时代的繁荣抚平了他幼时的创伤，他的心智伴随着身体逐渐长大、健壮，他不断地写字、作诗、学习，这为他以后成就诗圣之美名打下了坚实的基础。

3

十四五岁的时候，杜甫学有小成，其诗文在洛阳也开始颇有名气。

往昔十四五，出游翰墨场。
斯文崔魏徒，以我似班扬。
……
脱略小时辈，结交皆老苍。
饮酣视八极，俗物都茫茫。
东下姑苏台，已具浮海航。

——节选自杜甫《壮游》

这其中提到的“崔魏”指的是崔尚和魏启心，都是做过刺史的。其中崔尚在杜甫出生十一年前就已经中试，魏启心也在他出生前五年中试。这两个人起码比杜甫大二三十岁，他们愿意跟一个十四五岁的孩子打交道，还称赞杜甫“似班扬”，这其中包含着对后辈的鼓励成分，也可以看出杜甫当时的学识已经极为出色。“脱略小时辈，结交皆老苍”，这样的诗句很容易让人觉得杜甫是一个少年老成的书呆子。其实并非如此，他纵然有少年老成、早熟的一面，也没有失去一个孩子的童真，一旦告别繁重的学习和各种各样的社交活动，他也会欢快地玩耍。“忆昔十五心尚孩，健如黄犊走复来。庭前八月梨枣熟，一日上树能千回。”青春的气息和少年的壮心是不能被压制的，杜甫心中的这头小牛犊子象征着诗人的韧性。如果没有这股劲儿，他会被万卷书压扁，被“崔魏”这样的忘年交的“老苍”给熏得老气横秋。一个缺乏激情、活力殆尽的书呆子是不可能热爱生活、感悟生命的。不过，“饮酣视八极，俗物都茫茫”，也能感觉到杜甫不但继承了其祖父杜审言的诗才，也继承了其狂傲的基因。这种目空一切、趾高气扬、不可一世的感觉，与杜审言当年“吾文章当得屈、宋作衙官，吾笔当得王羲之北面”的狂傲之言何其相似！

传说杜甫十多岁的时候，梦到有人叫他到康水去采集文章，梦醒之后问身边的人，得知康水在二十里外，便连忙到那里去寻找。在康水，一个头戴鹅冠的童子对他说：你本来是天上的文曲星下凡，之所以让你下来，是为了给大唐盛世留下更多的锦绣文章。上天的旨意已经下达了，你可以到豆子垅下找到。杜甫根据童子的话，果然找到一块石头，上面刻着几行金色的字：“诗王本在陈芳国，九夜扪之麟篆熟，声振扶桑享天福。”这当然只是一个神话传说。当一个人的成就超过普通人太多的时候，人们往往喜欢用这种方式来赋予一种解释，这种解释与其说是说给别人听的，不如说是给自己找一个可以平凡的借口。

第二章
漫　游

从郇瑕到吴越，我想看看那丰富多彩的大千世界！从吴越到齐赵，那些年有放荡而清狂的青春时光。

放荡齐赵间，裘马颇清狂。
春歌丛台上，冬猎青丘旁。
呼鹰皂枥林，逐兽云雪冈。
射飞曾纵鞚，引臂落鹙鸧。

——节选自杜甫《壮游》

引　言

杜甫的童年谈不上有多么幸运，但也算遇到了好时候。从公元713年开始的二十八年，正是历史上著名的开元盛世（也称开元之治）。唐玄宗继位后第二年，便除掉了反对他的姑妈太平公主及其党羽，真正从太上皇睿宗的手中独揽了大权。玄宗继位的过程充满了坎坷，这为他增加了很多社会经验和见识。继位后的玄宗奋发图强，先后任用了姚崇、宋璟、张说、张九龄这些有水平、有远见、有能力、有作为的“四有”人才为相国，励精图治，推进革新政策，使社会安定、经济繁荣、文化昌盛。李白在《古风》中曾经说过："一百四十年，国容何赫然。隐隐五凤楼，峨峨横三川!"繁荣景象，可见一斑。杜甫晚年的作品《忆昔》中也有诗句："忆昔开元全盛日，小邑犹藏万家室。稻米流脂粟米白，公私仓廪俱丰实。九州道路无豺虎，远行不劳吉日出。"可见当时的社会治安是非常好的。这一切都为杜甫的漫游提供了必要的条件。

1

开元十八年（730年），洛水和瀍水泛滥成灾，冲毁洛阳的好几座桥梁，还淹没了许多来自扬州的商船，上千户居民的住房都被冲塌了，东都洛阳一片汪洋。为了躲避水灾，十九岁的杜甫一路向北渡过黄河，到了郇瑕。杜甫在郇瑕的经历没有史料留存，只是从他的《哭韦大夫之晋》中的"凄怆郇瑕地，差池弱冠年"和《奉酬寇十侍御锡见寄四韵，复奇寇》中的"住别郇瑕地，于今四十年"可以得知，在这里他结识了韦志晋和寇锡。郇瑕之行是杜甫平生第一次出远门，由于时间较短，严格来说并不能算是漫游。但这次出行经历开阔了诗人的视野，结识了志同道合的朋友。这就好像出过笼子的鸟雀，已经体会到蓝天的博大和自由，一颗年轻的心开始蠢蠢欲动，那是按捺不住的。事实上，回到洛阳的第二年，杜甫便开始了一次真正意义上的漫游——吴越之行。

唐代的读书人在年轻的时候一般都有一段或长或短的漫游时期。漫游的好处在于可以开阔眼界、增长阅历，但在那个时代，漫游大概也是一种潮流，正如诗仙李白所言："大丈夫必有四方之志，乃仗剑去国，辞亲远游。"事实上，这种漫游并非仅仅是观山望水、言物咏志，还包括给自己寻找出路的目的。所以，很多学子在考试之前很长的一段时间，便来到人文荟萃的城市，用自己的作品进行自我宣传，寻找门路，结交权贵，期望随着自己知名度的提高，可以影响到考官的选择，这就比较容易金榜题名了。由此可见，唐朝的考官并不仅仅只看考试时的文章，也会综合考虑考生的社会影响力。

开元十九年（731 年），杜甫二十岁，开始往吴越游历。他在《进三大礼赋表》中说到的“浪迹于陛下丰草长林，实自弱冠之年矣”，便是这件事情。这次远行之所以选择吴越，有三方面的考虑：首先，从洛阳到江南有水路相通，杜甫乘船经过黄河、京杭运河、淮水便可到达淮阴、扬州等江南名城；其次，杜甫的叔父杜登在武康县担任县尉，还有一个姑丈在常熟任县尉，杜甫此行也有走访亲戚的意思；当然，最重要的原因是他在东都洛阳的文化氛围中长大，受到其祖父杜审言的影响而自幼学诗，唐初的文艺传承于六朝，并没有很大的创新和发展，这样的学习过程免不了会读到谢朓、谢灵运、耿信、鲍照这些人的诗，而江南正是他们所歌咏的地方，所以杜甫对江南充满期待也是情理中的事情。

此次吴越之行，杜甫是非常兴奋的，他从洛阳出发乘船经水路向南而行，第一站便到达了江宁。江宁历来都是南方最重要的城市之一。在秦淮河边上的瓦棺寺里，他终于见到了晋代名家顾恺之的壁画“维摩诘像”。瓦棺寺始建于东晋兴宁二年（364 年），杜甫去时已经有三百六十七年的历史，是江宁最有名的名胜古迹。相传瓦棺寺是慧力和尚所建，落成之后，众和尚设会请当地的士大夫来庙里鸣钟击鼓，名为弘扬佛法，实则请人捐钱。但捐钱的人，没有一个超过十万钱的，颇使和尚们发愁。有一天，有个人来到庙里，在化缘簿上写下捐钱一百万。和尚们非常惊讶，看着这个穿得毫不起眼的人，以为他空口说大话。“请在庙里准备好一堵素白的墙壁，我自有募钱的办法。”这人自信地说。和尚们半信半疑，就按照他的要求做了。一个多月过去了，这位夸下海口的人在庙里的墙壁上画了一个佛教传说中的人物——维摩诘。相传维摩诘是释迦牟尼佛在世时的一位居士，阐释佛法很精辟，引得天女散花。今天我们还用“天花乱坠”来形容很会说话的人。这人画的维摩诘像十分工细。他画好之后，对和尚们说：“第一天进来看壁画的人，让他们每人布施十万钱；第二天看的五万钱；第三天随意布施。”等到窗门一开，佛光照耀全寺，人们被这种异象吸引，纷纷来看，把庙门都快挤破了，一下子就募得了许多钱，超过了当初他答应和尚的捐钱一百万。

这个人便是中国绘画史上的史诗级人物——顾恺之。杜甫不只是如饥似渴地仔细拜赏了这幅壁画，还在江宁一个叫许八的友人那里求得了这幅壁画的图样。在古代名画中，这幅画可能是杜甫观摩得最早、印象最深、触动最大的一幅作品，以至于二十七年后，杜甫在长安送别许八的时候，还写下了诗句："看画曾饥渴，追踪恨淼茫。虎头金粟影，神妙独难忘。"

杜甫从来也没有留下过关于哪种艺术作品曾给他的诗歌创作以明显启示的文字，但从其他的记载中可以肯定，有些艺术形式对他的影响很大。例如，童年时代在郾城观公孙大娘舞剑，少年时代在岐王宅里听李龟年唱歌，以及这次在江宁观摩顾恺之的壁画。也正是因为他生活在繁花似锦的盛唐，可以广泛接触到各种各样的艺术杰作。这是一种潜移默化的艺术教育形式，无形之中便增加了艺术修养。这对他在深入生活、获得深刻感受和丰富的题材之后，成为思想层次和艺术水平都很高的伟大诗人具有重要的意义。

在江宁，他还和一位名叫旻上人的僧人交往甚密。他常常和这位不知隐于江宁哪座寺庙的高僧一起泛舟湖上，闲来敲棋，纵论风月，好不惬意。后来，他在那首《因许八奉寄江宁旻上人》的诗中追忆了这段逍遥岁月，并捎去了对旧友的丝丝牵念。

不见旻公三十年，封书寄与泪潺湲。
旧来好事今能否，老去新诗谁与传。
棋局动随寻涧竹，袈裟忆上泛湖船。
闻君话我为官在，头白昏昏只醉眠。
——杜甫《因许八奉寄江宁旻上人》

2

杜甫离开江宁之后的踪迹比较凌乱，只能从他晚年回忆往事的诗篇中窥见一鳞半爪。

东下姑苏台，已具浮海航。
到今有遗恨，不得穷扶桑。
王谢风流远，阖庐丘墓荒。
剑池石壁仄，长洲荷芰香。
嵯峨阊门北，清庙映回塘。
每趋吴太伯，抚事泪浪浪。
枕戈忆勾践，渡浙想秦皇。
蒸鱼闻匕首，除道哂要章。
越女天下白，鉴湖五月凉。
剡溪蕴秀异，欲罢不能忘。
归帆拂天姥，中岁贡旧乡。

——节选自杜甫《壮游》

这段节选的诗中，前面十四句叙述了吴门的古迹，后面八句则描绘了越中胜景。由此可见，诗人在离开江宁之后，向东而行，来到了苏州。苏州曾经是春秋时期吴国的国都，在苏州西边三十里有一座胥台山。相传吴王阖闾曾在此筑台，光收集筑台的材料就用了五年时间，又建造了九曲路以便于登台，高见三百里。杜甫诗中提到的姑苏台便指的是这座高台。如今的大城市上海在当时仅仅是一个小镇的规模，而苏州则是当时最接近海边的大城市，很可能已经有苏州开往日本的商船，这才让他萌生了“穷扶桑”的念头。

在苏州阊门外，他祭奠了吴王阖闾的坟墓。这座墓就建在虎丘山上。相传阖闾的陪葬品是三千柄春秋时期的名剑，其中包括鱼肠、扁诸这样的神器。坟墓封土三日之后，凌厉的五金之气结成一头白虎盘踞于坟上，因此将这座山命名为虎丘。虎丘山下有剑池，相传是秦始皇为了挖掘阖闾墓中的宝剑而形成的深涧。剑池水深莫测，旁边有几丈高的石壁伫立于坟墓之上，每一根石柱都是支撑石壁的关键点，一旦挖断石壁便会塌下，将整个墓穴压碎。所以秦始皇并没有得到这些宝剑，挖掘的遗迹则形成了如今的名胜。杜甫来此吊唁的时候，这里已被岁月摧残得十分荒芜，但历史的痕迹犹在，可以成为诗人的题材。

走过虎丘山，杜甫又来到了当年吴王狩猎的场所——长洲苑。长洲苑位于姑苏城西南，往日的水汀沙渚间已经没有了帝王的影子，但是清雅而美丽的荷花依然在碧水中装点着这帝王家的后花园。他又来到城西北的吴太伯庙。太伯（又称泰伯）是周部落首领古公亶父的长子。据传，古公很喜欢他的孙子姬昌，可姬昌是他小儿子季历的儿子。根据传统，古公要传位给长子太伯，太伯知道这个消息之后，深明大义，为了不让父亲因此事而苦恼，便和二弟仲雍逃到勾吴，文身断发，以表示不可以继承君位。《史记》中记载太伯冢就在城北十里的梅里聚，与太伯庙距离不远。《论语·泰伯》开篇就说："子曰：'泰伯，其可谓至德也已矣。三以天下让，民无得而称焉。'"儒家思想推崇"孝悌"和"礼让"，杜甫从小接受的便是这样的教育，对太伯非常敬仰，如今能够来到太伯生活的地方，心中的激动是难以抑制的。"每趋吴太伯，抚事泪浪浪"，可见杜甫到太伯庙拜谒，不止去了一次，而且为太伯礼让天下的精神而感动落泪。

在姑苏台，杜甫便有东渡日本的想法。因为那里是传说中太阳升起的地方，对于风华正茂、意气风发的杜甫来说具有相当的吸引力。他甚至已经租好了出海的船只，但终究没能成行，原因已经无从考证，遗憾却已经留下。于是，杜甫继续向南，从钱塘江来到会稽。会稽是古越国的都城，越王勾践卧薪尝胆的故事流传很广。杜甫来到勾践庙，追思着三千越甲破釜沉舟终报国仇的故事，对这位春秋的君主进行凭吊。杜甫还追随当年秦始皇在会稽的足迹进行游览。当时正值盛夏，杜甫站在会稽城南三里的鉴湖边上，享受着湖面送来的阵阵凉风，看着白皙秀美的越女在湖边浣纱，又乘船游览了竹茂林深、山清水秀的剡溪。剡溪附近有嵊山、嵊山，两座山峰相连，其间倾涧怀烟，泉溪引雾，触岫延赏。嵊县、新昌、天台诸县毗邻，名山一座接着一座。在新昌县东边五十里的地方，有一座天姥山，高三千五百丈，峰峦叠嶂，姿态万千。杜甫漫游至此的时候，大概也没有想到这就是他四年吴越之行的终点。

3

杜甫在《壮游》中提到了游览完天姥山之后的经历。

归帆拂天姥，中岁贡旧乡。
气劘屈贾垒，目短曹刘墙。
忤下考功第，独辞京尹堂。
——节选自杜甫《壮游》

开元二十三年（735年），一封家信让杜甫不得不停下漫游的脚步。在信中，家人写到，皇帝将要驾临东都洛阳，在一处名为福唐观的地方举行一场科举考试，作为乡贡的他必须参加。

经过将近四年的漫游，杜甫认为自己的眼界大开，学问更高，考取功名当如探囊取物，正好借着应考，看望年老的姑母和一些亲友，可谓一举两得。根据唐朝科举制度的规定，凡参加考试的考生报名时都需要拿着家乡县府的推荐书。杜甫虽然有官二代的身份，但还是要到巩县寻求推荐。但这次公务员考试并非如他所料的那么简单，三千多位考生报名，录取的进士只有二十七名，可谓百里挑一。以杜甫的才学，百里挑一定然不在话下。可那个时候的考试既重视权位，也很看重虚名，各种有门路的人都在活动，这就使得很多有才华的人被埋没。杜甫在外地游历了四年，他年少时在洛阳闯出来的名声已经销声匿迹，再加上他的父亲此时已经到外地做官，名落孙山也并不出乎意料。然而，这次考试的失败并没有让杜甫有多少挫败感。也许是出身于官宦之家，早已熟悉官场的这些潜规则，虽不屑为之，但也无力改变这样的局面，心里很坦然。再加上漫游生活带给他精神上的愉悦，也使得他将这次失败看得很淡。在他的心中，更加向往的是自由自在、随心所欲的生活。于是第二年，他又踏上了齐赵漫游的旅程。

放荡齐赵间，裘马颇清狂。
春歌丛台上，冬猎青丘旁。
呼鹰皂枥林，逐兽云雪冈。
射飞曾纵鞚，引臂落鹙鸧。
苏侯据鞍喜，忽如携葛强。

——节选自杜甫《壮游》

在齐赵裘马清狂的日子可能是杜甫一生中最为自在和惬意的时光，即便是在晚年受尽苦难时回想起这段岁月，仍能在字里行间品读出几分轻松和快乐。这是一个衣食无忧的青年人本来就应该拥有的青春活力。齐赵的地理位置大概是现在山东和河北南部的区域。第二次漫游之所以选择齐赵，是因为他的父亲杜闲当时在兖州任司马，他到兖州看望父亲，顺便游览齐赵，也是顺理成章的事情。同时也是因为父亲的原因，他在经济上并不拮据，所以有裘有马，也就有了清狂的物质基础。

开元二十四年（736 年），那是一个美丽的春天，杜甫来到了邯郸，在战国时赵王兴建的丛台上高歌怀古。到了冬天的时候，他又在齐景公曾经狩猎过的青丘一带打猎。无论是在皂荚树和枥树丛生的树林里，还是在彤云密布、白雪皑皑的山岗上，到处都留下了杜甫的足迹。在这里，他结识了一个好朋友苏预。苏预从小父母双亡，生活非常艰苦。他在泰山读书，十分勤奋。那个时候，苏预在山东一带做监门胄曹，生活有了一些改观。两个同样用功读书的人相遇，很快便成为无话不谈的好朋友，他们经常结伴游览打猎。有一次，杜甫一箭射下一只大鸟，这可乐坏了身边的苏预，他开玩笑地自比晋朝的大将山简，说杜甫简直就是他经常相携出游的爱将葛强。这段回忆写得相当精彩，即便是千年之后诵读起来，也觉得意气风发，浮想联翩。

此后几年，杜甫都在齐赵漫游。除了苏预之外，他还结识了高适和张玠。具体结识的情景已经无从考证，仅从杜甫晚年在浣花溪畔的草堂里写的《奉寄高常侍》中“汶上相逢年颇多，飞腾无那故人何”两句，可推测，他与高适相遇在齐南鲁北的汶水附近。至于与张玠的结识，是因为杜甫五十八岁时在湖南所作的《别张十三建封》，诗中有句：“相逢长沙亭，乍问绪业余。乃吾故人子，童丱联居诸。”诗名中提到的“张建封”乃是“古人子”，而张玠正是他的父亲。根据史料记载，张玠和杜甫的父亲相识，而杜甫的父亲当时出任兖州司马，因此杜甫与张玠可能相识于兖州。

时光荏苒，快乐的日子总是不知不觉从指间溜走。路走得远了，书读得多了，见识和认知自然就丰富了。也正是在这个时候，杜甫的一些诗篇开始得以保存下来。对于诗坛，乃至整个中国的文化艺术史来说，这都是具有深远意义的开始；但对于诗人本身来讲，这个意气风发的开端仅仅是昙花一现的美好，接下来迎接他的将是无边无际的黄钟毁弃、颠沛流离。

杜甫诗集里记载的最早的诗便是他漫游齐赵时写的《登兖州城楼》和《望岳》。前者比较普通，记录了他到兖州拜见父亲之时，登上兖州城楼所看到的景象。

东郡趋庭日，南楼纵目初。
浮云连海岱，平野入青徐。
孤嶂秦碑在，荒城鲁殿余。
从来多古意，临眺独踌躇。

——杜甫《登兖州城楼》

译文如下：在兖州拜望父亲的这段时光中，我第一次登上了兖州城楼远眺，天上的浮云连接着泰山和东海，原野上一马平川，可以直接抵达青州和徐州。为秦始皇歌功颂德的石碑像一座高高的山峰一样屹立在这里，鲁恭王修建的灵光殿如今只剩下一片荒芜的城池遗迹。我心怀伤感之情站在这城楼之上远眺，独自徘徊，心中充满感慨。

这首诗的首联描写他刚到兖州省亲时登上城楼。颔联写了远眺浮云与渤海、泰山相连；平野向东与青州交界，向南进入徐州之境，一片苍茫。颈联指出峄山有秦始皇歌功颂德的石碑和鲁恭王的灵光殿等历史遗迹。尾联则直抒胸臆，言出怀古之情。从这首诗中可以看出，年轻时候的杜甫受其祖父杜审言的影响很大，前起后结，中间四句两句写景、两句言情。第二首诗《望岳》则是一个伟大的萌芽，预示了诗人伟大的发展。

岱宗夫如何？齐鲁青未了。
造化钟神秀，阴阳割昏晓。
荡胸生层云，决眦入归鸟。
会当凌绝顶，一览众山小。
——杜甫《望岳》

译文如下：巍峨的泰山到底有多么雄伟？即便已经走出了齐鲁，依然可以看见那青色的峰顶。神奇的大自然在这里汇聚了千万种美景，山南山北分隔出清晨和黄昏。白云层层，涤荡了胸中的沟壑；归鸟翩翩，飞入我的眼帘。但凡来到这里的人，一定要登上泰山顶峰，俯瞰群山，豪情满怀。

这是这一时期的不朽之作，也是历史上写泰山最有名的精品之作。岱宗即东岳泰山，地处山东省东部。“青”描写了泰山的颜色。杜甫一路从齐到鲁，一山横亘，南侧为鲁，北侧为齐，宛若一条蜿蜒千里的青色巨龙，耸立于齐鲁的天地之间。由此可见，杜甫登泰山之日情绪高涨，对未来充满了信心，丝毫没有因上次科举的失利而灰心丧气。

如果说《望岳》是杜甫裘马清狂的年纪偶然所得，那么这个偶然就是点燃他成就诗圣之路的第一点星星之火；如果说《望岳》是杜甫漫游齐鲁的灵光乍现，那么这个灵光就是诗人面向不凡之路的第一次跨越。这首诗不是齐赵漫游的终点，却是杜甫快乐生活的顶峰。当然，对于在诗歌方面的成就来讲，这才是一粒刚刚长出嫩芽的种子。

第三章
李　杜

首阳山下开辟窑洞，还娶了司农少卿的女儿；洛阳城里为姑母服丧，结识了大唐诗仙李太白。

龙门横野断，驿树出城来。
气色皇居近，金银佛寺开。
往还时屡改，川水日悠哉。
相阅征途上，生涯尽几回。
——杜甫《龙门》

引　言

开元二十九年（741 年），杜甫结束了他的漫游生活，从山东回到东都洛阳，在他最崇敬的两位先祖杜预和杜审言的坟墓附近的村庄里开辟了几间窑洞，作为安身之所。之所以选择这个地方，也许是经过将近十年的漫游时光，诗人由舞象之年进入而立之年，年龄的增长、家族的教诲再加上见识的增长，让他已经不安于在山水中虚度光阴。从他在

《望岳》的句子“会当凌绝顶，一览众山小”，已经可以感觉到他那颗不安的心已经蠢蠢欲动。在当时，对于一个有着远大志向的书生而言，行山咏水是没有出路的，唯有在科举中及第，或是在都市中扬名，才可能有所建树。当然，在都市中扬名大多也是为了给科举考试铺一条道路。杜甫来到先祖的坟前，想象着杜预一生所取得的功绩，再对比自身，三十年光阴除了几首诗文还拿得出手外，几乎是一事无成。这些年所结交的大多是在生活上可以策马狂歌、喝酒打猎的朋友。在这种强烈的对比之下，杜甫的心空空如也，对杜预的倾慕更加深厚，他写了一篇《祭远祖当阳君文》，全文如下：

维开元二十九年岁次辛巳月日，十三叶孙甫，谨以寒食之奠，敢昭告于先祖晋驸马都尉镇南大将军当阳成侯之灵：初陶唐出自伊祁，圣人之后，世食旧德。降及武库，应乎虬精。恭闻渊深，罕得窥测，勇功是立，智名克彰。缮甲江陵，祲清东吴，建侯于荆，邦于南土。河水活活，造舟为梁。洪涛莽汜，未始腾毒；《春秋》主解，膏隶躬亲。呜呼笔迹，流宕何人？苍苍孤坟，独出高顶，静思骨肉，悲愤心胸。峻极于天，神有所降；不毛之地，俭乃孔昭。取象邢山，全模祭仲，多藏之诫，焯序前文。小子筑室，首阳之下，不敢忘本，不敢违仁。庶刻丰石，树此大道；论次昭穆，载扬显号。于以采蘩，于彼中园，谁其尸之？有斋列孙。呜呼！敢告兹辰，以永薄祭。尚飨！

这是杜甫最著名的散文，文章既叙述了先祖的功业，也表明之所以把家安在这里，是因为自己“不敢忘本，不敢违仁”。他要以杜预为榜样，争取在政治上有所建树。事实上，这个位于洛阳和偃师之间首阳山下的住所后来经常出现在杜甫诗文里，可见这是一个让他极为眷恋的地方。

1

在首阳山下居住的这些日子，杜甫更加发奋读书。由于杜家历代为官，在附近颇有些声誉，再加上此时的杜甫见多识广、为人谦和，诗文写得又好，虽然早已过了适婚的年龄，还是有不少人帮他说媒。大约在三十岁的时候，他和司农少卿杨怡的女儿成了亲。司农少卿为主管农业和财政的地方官，与世代为官的杜甫家可谓门当户对。妻子小他十多岁，想来是一位知书达理、聪慧贤淑的女子。遗憾的是，杜甫并没有用他的大手笔为爱妻立传，甚至我们连杨氏夫人的名字也无从知晓。但杜诗中却多处提及她，虽然只言片语、一鳞半爪，但从那饱蘸深情的笔墨中，我们对诗圣背后那个含辛茹苦、相濡以沫的伟大女性，还是不由得肃然起敬。在古代，男子纳妾是再正常不过的事情。尤其是在唐代，一夫一妻的忠贞爱情可以说非常少见，即便是流传下来的爱情故事大多也是一时的甜蜜。可杜甫却做到了和杨氏一人厮守一生，他们的爱情故事虽然没有多少流传下来，也没有像汉朝的卓文君和司马相如那样惊世骇俗、轰轰烈烈，但却像潺潺溪水一般细水长流，永不干涸。

杜甫婚后没多久，父亲杜闲病逝。悲痛之后直接面对的就是生存问题，没有了经济来源的杜甫日子渐渐窘迫。再后来国家战乱不断，杜甫四处漂泊逃亡，穷困、疾病、担惊受怕和两地相隔，成了他们生活的常态。可即便如此，他们也没有弃对方于不顾。杨氏用她娇弱的肩膀背囊携子，跟随丈夫。杜甫留下的一千多首诗中，并没有什么动人心魄的情诗，却是历代作品中“妻”字出现频率最高的诗人。他因思念妻子而写的《月夜》，读来感人至深。

今夜鄜州月，闺中只独看。
遥怜小儿女，未解忆长安。
香雾云鬟湿，清辉玉臂寒。

何时倚虚幌，双照泪痕干。

——杜甫《月夜》

这首诗写于天宝十五年（756 年），正值安史之乱，杜甫困居在被乱军占领的都城长安。一天晚上，杜甫思念远在鄜州的妻儿，写下此诗。诗中后四句专门倾诉对妻子的思念之情。此时杜甫已经四十五岁，成婚十多年，可诗中对妻子的殷殷眷念，却如同新婚燕尔的年轻人所为。

2

天宝元年（742 年），杜甫在洛阳仁风里的姑母去世了。杜甫对这个姑母的感情不亚于对亲生母亲。因为他的童年有很长一段时间在姑母无微不至的照顾下成长，甚至在他与姑母的儿子同时生病的时候，姑母最终保全的是他而不是自己的儿子。这样的恩情影响了杜甫的一生，杜甫像儿子一样为她守制、给她写墓志铭、给她刻石碑。他在写给姑母的墓志铭中提到：一般的墓志都是死者的家人用金钱贿赂作者，示意其多给死者写一些好听的话，真假混杂，形成一套俗成的公式。现在他为姑母写的这篇墓志，却要把姑母的德行真实还原，要把他幼年时生病得到姑母照顾的故事写得明明白白。

安葬好姑母之后的两年，杜甫时而在首阳山下的窑洞居住，时而在洛阳寻找出人头地的机会。洛阳是人文荟萃的大都市，文人骚客聚集，豪官富贾云涌。杜甫混迹于车水马龙之中，看遍了钩心斗角，尝尽了人情冷暖，心中苦闷亦无人可言。直至他遇到了那个让他钦佩、羡慕之极的人——李白。杜甫与李白相遇的情景我们不得而知，如果非要猜测的话，可能也是文人之间的相互串联。李白当时四十四岁，杜甫三十三岁，李白早已扬名在外，而杜甫刚刚建立起自己的风格。可见对于这位老大哥，杜甫是带着崇拜的态度去交往的。他们一定想不到，看似普通的一次会面，却成为中国文学史上不朽的佳话。闻一多先生曾经把李白和杜甫的相遇视为中国文学史上最为激动人心的一刻，它的意义可以同老子和孔子的相遇相提并论。他还把这次相遇比作“太阳和月亮的会面”。那么李白和杜甫二人，谁是太阳，谁是月亮呢？从创作风格来看，李白是太阳，热情奔放；杜甫是月亮，内敛深沉。从当时的影响力来看，李白依旧是太阳，诗名远播，光芒四射。当时的李白虽然已经被“赐金还乡”，丢掉了唐玄宗御用诗人的名号，可他依然是钦定的桂冠诗人。他可以大笑着喊完“安能摧眉折腰事权贵，使我不得开心颜”之后潇洒转身，踏上自己向往的热土。可杜甫却是诗名未传、光华初显，一门心思地寻找可以出仕的机会。

两个截然不同的人就这样在洛阳相遇，却突然迸发出了可以泯灭一切差异的力量。他们一见如故，以至于出则同游，入则同室。这就是文化的力量，是凌驾于一切世俗之上惺惺相惜的激动，是诗仙和诗圣超脱了凡人境界之后在生命层面的交流，是灵魂与灵魂相吸相融的结果。在李白面前，杜甫没有保留，他用“二年客东都，所历厌机巧”来表达对在洛阳两年钩心斗角、阿谀奉承生活的厌恶。在生活层面上，李白对杜甫的所作所为是有些不屑的。作为从官场走过来的人，他虽然是一副“谪仙人”的佯狂形象，但庙堂的黑幕和宫闱的秽乱深藏在他的内心深处，这中间自然有很多“不足与外人道”的原因，也是促使李白放弃政治生涯的缘由。他并没有取笑杜甫的看不穿，杜甫自然也不会觉得每日只愿长醉不愿醒的李白有什么不妥的地方，他们就这样在更高的维度上保持着互相欣赏、互相吸引的关系。

3

这年秋天，他们和高适相遇了。四五年前，高适就在山东和梁宋一带流浪。在这期间，杜甫曾与他在汶水河畔相识，如今在梁宋重逢，再加上有李白经济上的支撑，这三位文坛大咖便在这里舒舒服服地度过了一段随心所欲的日子。

梁宋指的是当今的开封和商丘一带，在当时都是特别繁华的大城市。杜甫在得知李白和高适去世的消息之后所作的《遣怀》描述了他们在梁宋的那段时光。

昔我游宋中，惟梁孝王都。
名今陈留亚，剧则贝魏俱。
邑中九万家，高栋照通衢。
舟车半天下，主客多欢娱。
白刃仇不义，黄金倾有无。
杀人红尘里，报答在斯须。
忆与高李辈，论交入酒垆。
两公壮藻思，得我色敷腴。
气酣登吹台，怀古视平芜。

——节选自杜甫《遣怀》

诗中叙述了梁宋作为大都市的繁荣景象，这里处于商业要冲，也是广济渠旁最重要的码头之一，人口稠密，建筑恢宏，生活富足而奢华，游侠之风盛行。李白、杜甫和高适三人在这繁华红尘中肆意享受着难得的时光。有的时候，真正的友情并不依赖什么，不论是祸福、身份、地位、经历、位置还是处境，都不能成为友情的阻隔。真正的友情在本质上拒绝了功利，拒绝了归属，甚至拒绝了对错，它是人与人之间相互的吸引和认可，使人们独立却不孤独，互相可以感受到彼此存在对自己的意义。因此，真正的友情就是不在一起的时候独立自在，在一起的时候更加轻松愉快。此时的李杜高三人正是如此状态。如果你能够身处此境，定能看到他们目中无人，狂笑着走进酒肆，喝他个天昏地暗；如果你能够身处此境，定能看到三人在梁孝王所建梁园的吹台上谈古论今，放声高歌；如果你能够身处此境，定能看到他们策马奔腾在去往单父台的路上……对于杜甫来讲，这是在洛阳压抑三年后难得的一段放纵的时光。与李白不同的是，纵然在这样的良辰美景之中，杜甫始终没有放下对仕途的执着、对国事的担忧、对未来的渴望。三人登上单父台已是初冬时节，天空晴朗，万里无云，地上草枯霜起，落叶纷纷。此台是当地的老百姓为纪念宓子贱所筑。宓子贱是孔子的弟子，在他任单父宰时，鸣琴而治，深得民心。如今的大唐盛世看似风光无限，但因为天子好武，驻守边疆的将领为了投天子所好，经常发动战争，消耗了极大的财力、物力和人力。这种治理方式与宓子贱的鸣琴而治形成鲜明的对比，令杜甫为之惆怅。

不久之后，高适离开梁宋向南漫游楚地，杜甫却出乎意料地继续跟随李白踏上了寻仙问道的道路。游侠和求仙是李白身上除诗人之外最明显的标签，可在杜甫身上却找不到任何一点与此相关的影子。两人在一起的那段时间里，杜甫被李白的风采完全吸引了，即便是几年前他裘马清狂的日子，也远远不如眼前这个长着长须的中年人来得洒脱。这个人随心所欲、对酒当歌，这个人策马驰骋、寻仙问道，这个人挥金如土、无视权贵，大概这才是人生的终极追求吧！在这段日子，杜甫大概是忘记了自我，他甚至和李白相约去采折瑶草。他们渡过波涛滚滚的黄河，来到道家圣地王屋山。这座山位于山西阳城和河南济源之间，是道士华盖君修行的场所。他们本打算去拜见华盖君，不料华盖君已经羽化，只得在凄凉的山川之间感慨一番之后原路返回。

虽然王屋山无功而返，但两人并未停止行走的脚步，杜甫继续跟随李白来到了山东齐州。李白来齐州的目的还是寻仙问道，于是便去往紫极宫领受高天师的道箓，杜甫却更想去拜会忘年老友李邕。当时李邕的族孙李之芳任齐州司马，李邕担任北海太守。李邕听说杜甫来到了齐州，连忙约见。要知道，当时的李邕已经年过古稀，由于他的书法和文章俱佳，而且为人随和、交友广泛，因此颇有名望。不管是帮助逝去的人写墓志，还是帮助庙宇写碑文，他都来者不拒，因而得到了大量的馈赠，过着奢侈而豪放的生活。由于他愿意结交朋友，还乐善好施，他的钱来得容易去得也容易，换来了朋友满天下。据说他到晚年，竟成了一个传奇式的人物，无论走到哪里，都有人围观，这种感觉很像现代的偶像明星。杜甫非常高兴能够见到李邕，甚至感觉这是一种光荣。他十四五岁在洛阳的时候，李邕和王翰都放下他们的盛名和年龄的差异，与杜甫探讨文章。二十年后两人在齐州重聚，自是一番感慨，李邕邀请杜甫和他一起赏游历下亭及李之芳造的新亭。他们一边行走，一边回忆着在洛阳的那些时光，从日中聊到日落，从洛阳离别之后的经历一直聊到对当今文坛的看法。李邕可谓知无不言、言无不尽，恨不得将他的见识和经验全部告诉杜甫。李白早年也曾与李邕相识，当时李邕任渝州刺史。李白在渝州与之相见的时候，因为不拘于俗礼，高谈阔论，纵谈王霸，这让李邕很不高兴，对李白的态度便不太好了。李白认为李邕对年轻人缺乏耐心，为人自负好名，也非常不满。两个人离别的时候，李白还写了一首《上李邕》，表达了这种不满的情绪。

大鹏一日同风起，扶摇直上九万里。
假令风歇时下来，犹能簸却沧溟水。
世人见我恒殊调，闻余大言皆冷笑。
宣父犹能畏后生，丈夫未可轻年少。

——李白《上李邕》

有这段故事的铺垫，再加上李白随心所欲的性格，自然不会再主动向李邕示好，便提前往兖州而去。过了一段时间，杜甫很想念李白，便重游兖州故地去探望李白，他们又一次相聚在秋天。杜甫还写了一首诗赠送给李白。

秋来相顾尚飘蓬，未就丹砂愧葛洪。
痛饮狂歌空度日，飞扬跋扈为谁雄？

——杜甫《赠李白》

译文如下：秋天离别的时候我们两相顾盼，像飞蓬一样到处飘荡；没有认真地去求仙问道，真是愧对西晋那位炼丹的葛洪。每天痛快地饮酒狂歌，白白地消磨了日子；像您这样意气豪迈的人，如此逞雄究竟是为了谁？

这首诗是现存杜甫诗文中最早的一首绝句。

李杜二人虽有几月未见，但友情丝毫没有生疏。他们一起进入东蒙山寻访得道的高人，共同到北门外的荒野中去寻找他们共同的友人范隐士；他们一起在酒肆任性谈笑，白天携手同行，醉时共被酣睡，惺惺相惜之情溢于言表。

这次短暂的相聚是两个历史上最伟大的诗人最后的会合。不久之后，杜甫一路向西，到长安去开拓自己的政治生涯，在他的心中始终装着“致君尧舜上，再使风俗淳”的宏大理想。首都长安便是唯一可能实现梦想的地方。李白则准备再游江东，两人执手行至兖州城东门外石门分手。面对分离，纵然洒脱如李白，也难免生出几分不舍，他送了一首诗给杜甫。

醉别复几日，登临遍池台。
何时石门路，重有金樽开。
秋波落泗水，海色明徂徕。
飞蓬各自远，且尽手中杯。

——李白《鲁郡东石门送杜二甫》

令人惋惜的是，石门路上的金樽从此再也不曾开过，他们二人就这样分手了。李白依然飘逸如仙，寄情于山水，寻道于河川，杜甫的名字也不再出现在他的诗文里。这也许是源于对长安那个钩心斗角之地的理解，提前知晓杜甫此去的下场；也许他曾经劝说过无数次，可杜甫依然固执己见。总之，李白就这么离开了。也许如世人所说，李杜的交往只是杜甫一厢情愿地追随李白，也许还有其他原因，但有一点可以肯定，李白一定是把杜甫深深地埋在了自己心底最深的地方。他看着杜甫西行的目标，仿佛看着自己当年意气风发进长安的情景，离开的伤痛，唯有自己知道，如今挚友重蹈覆辙，却又无法阻止，想想都是非常心痛的事情。既然无法改变，那便尽量让自己不要去想，也许是不敢去想。倘若如此，没有把杜甫写入诗文也就有了一种解释。而对李白一往情深的杜甫，却对这位好友念念不忘，无论是身处长安的书斋，还是秦州的客舍，抑或是成都的草堂，都有不少怀念李白的诗歌被写出来。也正是有这些作品，才让我们可以了解到当时两人交往的情景。

第四章
落　第

初到长安，官二代硬生生地混成了穷光蛋；野无遗贤，一次遗臭万年的高考。

漂荡云天阔，沈埋日月奔。
致君时已晚，怀古意空存。
中散山阳锻，愚公野谷村。
宁纡长者辙，归老任乾坤。
——节选自杜甫《赠比部萧郎中十兄》

引　言

唐朝的都城长安是历史上最有名的城市之一，比当时的米兰、罗马、威尼斯还要规模宏大，全城周围七十二里，城东西有一百零八个方形或长方形的坊，还有两个大市。除了通往皇宫的御路之外，坊与坊之间有众多宽广而平直的街道。这就是三十五岁的杜甫初来乍到时的长安，是盛唐时代的政治、文化和经济中心。在这个极盛的时期，不要说皇家宫苑、王侯府第千门万户、金碧辉煌，就算是一般的富贵人家，也都门厅高大、雕梁画栋，几进几出。其中商铺之繁茂、人口之稠密乃至吃穿用度之讲究，简直不胜枚举。杜甫一身青衣、颔有微须，貌相清癯，徒步走在这繁华的街头，一股自豪感油然而生，仿佛这一切繁华都与自己有莫大的干系。他仿佛看到了这片热土在自己的才华下更加昌盛，仿佛看到自己在皇宫里、在朝堂上与天子、大臣们商议着国家大事，仿佛自己已经如先祖杜预一般取得足以光耀门庭的丰功伟绩。此时的他，早已忘记了行囊中所剩的银钱已经不多，忘记了在长安这个陌生的地方尚未有立足之处，忘记了当下的他仅仅是大海里的一滴水、丛林里的一株草。

唐朝有名的诗人很少没有到过长安的，他们用最华丽的辞藻来描绘这里的繁荣，用最优美的语句来形容这里的景色，用最虔诚的文章来向统治阶级阐述自己的抱负，用最风骚的诗文来向皇亲国戚、高官显贵展示自己的才华。而长安，这个大如山岳又细如发丝的舞台每天都在上演着一幕幕兴衰成败。杜甫独行在宽阔的街道，眼睛里是来自世界各地的商品，内心是对这座城市的崇敬和赞叹。突然，一个马队从街道上疾驰而过，扬起的尘土呛得他连连咳嗽，挥动的马鞭几乎扫在他的脸上。杜甫正欲发怒，马队早已绝尘而去。街道上的人群似乎对此早已见怪不怪，瞬间便恢复了原来的景象，仿佛马队从来不曾出现过。杜甫的思绪回到现实中，不由得深叹一口气，这里是长安，而他仅仅是一个薄有诗名、初来乍到的外乡人。街道的转弯处，一名破衣烂衫、弯腰驼背、消瘦到皮包骨头的老汉，在一个四五岁、脸色蜡黄的小童的牵引下正沿着店铺乞讨，手中已经豁了口子的破碗里零零星星地躺着几个小钱。店铺的伙计不耐烦地驱赶着这爷孙俩，仿佛在驱赶让人讨厌的苍蝇。老人沧桑的脸上刻满了悲苦的颜色，孩子咬着手指头，眼睛直勾勾地盯着街边的食物，拼命地咽着口水。这样的组合似乎与繁盛的长安有着天壤之别，可在这个日头已经逐渐偏西的下午，杜甫突然感觉繁荣之上的这种悲苦弥漫了整个长安，甚至是整个大唐。

1

和李白分别之后，杜甫回到首阳山下的家中陪伴妻子小住了一些时日，便来到了长安求取仕途。穿过高耸的城门，就像穿越到了另一个世界，他为这个世界的繁华而惊叹的同时，在内心深处也感受到了浮华之下的那一份悲苦，平静之下的那一份不安。此时，他并未想到，自己这一来便是十年。这十年里，他得到的并不是显赫的官职，经历的并不是锦绣繁荣，他最大的所得是认清了人情冷暖，看清了官场黑暗，体会到了百姓的疾苦。这些都成为他成就诗圣的路上最宝贵的财富。

初到长安的时候，杜甫豪气干云，与来自各地的诗人饮酒作诗、谈论时政，文人骚客齐聚，自然少不了比拼文采。也是在这种情况下，杜甫写出了那首著名的《饮中八仙歌》。

知章骑马似乘船，眼花落井水底眠。
汝阳三斗始朝天，道逢曲车口流涎，恨不移封向酒泉。
左相日兴费万钱，饮如长鲸吸百川，衔杯乐圣称避贤。
宗之潇洒美少年，举觞白眼望青天，皎如玉树临风前。
苏晋长斋绣佛前，醉中往往爱逃禅。
李白斗酒诗百篇，长安市上酒家眠，
天子呼来不上船，自称臣是酒中仙。
张旭三杯草圣传，脱帽露顶王公前，挥毫落纸如云烟。
焦遂五斗方卓然，高谈雄辩惊四筵。

——杜甫《饮中八仙歌》

译文如下：贺知章饮酒之后，骑马就像坐船一样，晃晃悠悠的。他酒后双眼昏花，一不小心掉进了井里，竟然就在井底睡着了。汝阳王李琎即便是要去觐见天子也要饮酒三斗，在去皇宫的路上碰到装载酒曲的车，酒味引得他口水直流，恨不得到水味如酒的酒泉郡去做官。左相李适为了喝酒每天不惜花费万钱，他喝起酒来就像长鲸吞吸百川之水，自称举杯豪饮是为了脱略政事，以便让位给贤良的人。崔宗之本是一个潇洒的翩翩美少年，可当他举杯饮酒的时候，却有傲视青天的气概，那个风采犹如玉树临风的感觉。苏晋虽在佛前斋戒吃素，可是一旦喝起酒来，就会把佛门戒律忘得干干净净。李白只要有一斗酒可以饮，张口就能赋诗百篇。他在长安的酒肆里饮酒，常常是在哪儿喝醉就在哪儿睡觉。就算是天子在湖池游宴，召他为诗作序，他也借着酒醉不肯上船，还说自己是酒中之仙。草圣张旭饮酒三杯，当即挥毫作书。他写起书法来不拘小节，在王公贵戚面前也是脱帽露顶，挥笔疾书，如有神助，其书如云烟之泻于纸张。焦遂要连续五杯酒下肚，才能够精神振奋；在酒席上高谈阔论，常常语惊四座。

这是一首别具一格的“肖像诗”。八个酒仙是同时代的人，又都在长安生活过，在嗜酒、豪放、旷达这些方面彼此相似。杜甫用短短一百五十四个字，将他们写进一首诗里，构成一幅栩栩如生的群像图。从中不难看出，三十五岁的杜甫对文字的精练能力已经达到了极高的境界，也不难感受到杜甫刚到长安的那段日子过得也算惬意。从诗中也可以看出，杜甫对好友李白的诗文是极其推崇的，“斗酒诗百篇”已经成为后人描述李白时用得最多的句子。后来，杜甫还专门写过一首诗，以表达对李白诗文的赞赏和对李白的思念。

白也诗无敌，飘然思不群。
清新庾开府，俊逸鲍参军。
渭北春天树，江东日暮云。
何时一樽酒，重与细论文。

——杜甫《春日忆李白》

译文如下：李白的诗才没有人能够比得上，他那高超的才思远远超出一般人。他的诗文既有庾信诗作的清新之气，也有鲍照作品那种俊逸之风。如今，我在渭北独对着春日的树木，而你在江东远望那日暮薄云，天各一方，只能遥相思念。不知什么时候，我们才能同桌饮酒，再次仔细探讨我们的诗作。

与其他文人一样，杜甫一边让自己的作品在坊间流传，一边也想方设法结交权贵，盼望着能有平步青云的机会。杜家本是传承数百年的官宦世家，父亲杜闲在世的时候，曾经做过奉天令，所以杜家在长安也有些关系。于是，杜甫便开始走访这些还能扯得上一点关系的人。经过一段时间的走访和相互介绍，再加上杜甫本身的才学，他也结交了不少有权有势的人脉，这些人中地位最高的当属汝阳王李琎和驸马郑潜曜。好在当时的豪门显贵大多附庸风雅，这就给了这些在都城寻找出路的寒门学子一个生存的机会。杜甫身上虽然还有一些家族的光环，在文坛上也有些名气，但经济上早已是捉襟见肘，为了维持生计，只得以“宾客”的身份出入贵族府邸，陪同这些贵族诗酒宴游。在此期间，他写了不少为这些人歌功颂德、表达忠诚的诗句，希望他们能够伯乐识马，向朝廷举荐自己。

特进群公表，天人夙德升。
霜蹄千里骏，风翮九霄鹏。
服礼求毫发，推思忘寝兴。
圣情常有眷，朝退若无凭。
仙醴来浮蚁，奇毛或赐鹰。
清关尘不杂，中使日相乘。
晚节嬉游简，平居孝义称。
自多亲棣萼，谁敢问山陵。
学业醇儒富，辞华哲匠能。
笔飞鸾耸立，章罢凤骞腾。

精理通谈笑，忘形向友朋。
寸长堪缱绻，一诺岂骄矜。
已忝归曹植，何知对李膺。
招要恩屡至，崇重力难胜。
披雾初欢夕，高秋爽气澄。
尊罍临极浦，凫雁宿张灯。
花月穷游宴，炎天避郁蒸。
砚寒金井水，檐动玉壶冰。
瓢饮唯三径，岩栖在百层。
且持蠡测海，况挹酒如渑。
鸿宝宁全秘，丹梯庶可凌。
淮王门有客，终不愧孙登。

——杜甫《赠特进汝阳王二十韵》

这是一首纯粹的歌功颂德表忠心的五言排律。

逐句翻译如下："汝阳王您被皇上特别提拔为王公，真是天人自有好命，不过这一切都是因为您具有高尚的品德。就像千里马的急蹄踏霜，就像展翅的大鹏鸟直上九霄。您礼仪得当，任何时候穿的礼服丝毫不乱，您为国事操心到废寝忘食的地步。圣上如此器重您，您却能时时保持谨小慎微。喝喝美味的仙酿，酒面浮着米粒，赐予雄鹰华丽的羽毛。无事清闭关门，一尘不染，中使日相乘。晚年也毫不张扬，喜欢简朴的游嬉，您的孝义为世人赞颂。您善待兄弟，不羡慕虚名。您的学问丝毫不弱于博学大儒，文辞华丽非哲匠能超越。提笔如飞鸾耸立，文章写罢如凤凰飞腾。您精通文理，谈笑风生，天真烂漫，对朋友真心相待，没有一丝傲慢。寸心让人留恋，千金一诺，从不骄矜。我有幸能够归入您的门下，感觉就像归附了才子曹植。您也像才子李膺对杜密一样善待我，屡次给我恩赐，真让我愧不敢当。您在秋高气爽的夜晚，召唤我披雾欢饮。酒宴面临江浦，可以看到大雁宿在华灯的下面。您在炎热的夏天，招我来花前月下游宴避暑。金井里的水让墨砚寒凉，玉壶里的冰块寒气涌动，解除了我的暑气。我原本只是个岩栖在山林的隐逸之士，能有一瓢山泉水就心满意足了。错误以勺测量大海，哪知道您对我如此厚爱。您把修仙的鸿宝都告诉了我，我将登上丹梯凌天而去。作为您的门客，我一定不会让你失望的。”

单从字面看来，杜甫出入于上层社会，经常与达官贵人一起宴饮行乐，而这些人对他也是礼遇有加，似乎过得还算不错。可实际上，真实的情况在他写给韦济的一首诗中写得很直白。

朝扣富儿门，暮随肥马尘。
残杯与冷炙，到处潜悲辛。
——节选自杜甫《奉赠韦左丞丈二十二韵》

这是一首赤裸裸的自白诗，一方面说明杜甫并没有沉浸在与“富儿们”的美酒宴乐之中，另一方面也说明杜甫看似还算风光的生活其实已经是非常贫困，以致为了一点残羹冷炙不得不跟在肥马后面呼吸着马蹄扬起来的尘土。

他之所以能够把这些话说给韦济，是因为韦家和杜家本身就是世交。韦济时任太原尹，地位很高，后来又出任河南尹。因为有这层关系，韦济对杜甫一直很关心，在他担任河南尹的时候，还专程到首阳山下去看望，不料杜甫已经来到了长安。后来韦济到长安来出任尚书左丞，依然在同僚面前大力推荐杜甫的诗文。

2

寄人篱下的日子就这样一天一天过去，转眼已经到除夕，客舍里留下来的都是毫无建树的落魄文人和无家可归的贩夫走卒。在这样团圆的节日，大家凑在一起吹牛拍马，饮酒赌钱。冬日夜深窗寒，客舍里却是一番热闹的景象。也许是为了暂时忘却乡愁，也许是佳节来临之时容许自己能有一次放纵，杜甫撸起袖子，双眼放光地盯着桌上的骰子。想一想诗圣作为赌徒时的形象和神情，那是多么有趣和无奈！大概在这样的场合里，声音最大的便是乡愁最深的那个人。杜甫吆五喝六，已经略带嘶哑的声音仿佛要把胸腔中压抑已久的情绪完全释放出来。不知不觉已到了后半夜，原本满屋的人已经醉倒的醉倒，睡去的睡去。杜甫走到门前，掀开厚厚的门帘，推门走了出去。漆黑的天空不知何时已经开始下起大雪，怒号的北风吹动着雪片扇在杜甫的脸上，让他不由得裹紧了身上薄薄的棉衣。回到房间，已是十分清醒，想着两个时辰的工夫便把半月的口粮输得精光，不由得有些后悔。但方才豪爽的场景又让他回忆起裘马轻狂的日子，心中不免泛起一阵豪情，点亮油灯，看着桌子上的纸笔，写下了一首《今夕行》。

今夕何夕岁云徂，更长烛明不可孤。
咸阳客舍一事无，相与博塞为欢娱。
冯陵大叫呼五白，袒跣不肯成枭卢。
英雄有时亦如此，邂逅岂即非良图。
君莫笑，刘毅从来布衣愿，家无儋石输百万。

——杜甫《今夕行》

诗的第一联，描写了孤身在异乡的除夕之夜想找乐子。第二联直接切入主题，找来找去也无事可做，便参与到赌博之中。第三联描写了赌博时精神亢奋、袒胸赤脚、大呼小叫的场景。第四联开始为自己的赌博行为进行开脱，英雄们行事也往往如此，碰上了机会，以小博大，这也是一个不错的主意。第五联则借前人进一步为自己开脱。从第四、五联中可以看出，他多多少少有些后悔，也可推测出他是输钱那一伙的，输了之后还给自己讲了一堆英雄事业与赌博之间的辩证关系。可见，当时的他是多么踌躇满志、自命不凡！过了这个难过的夜晚便是天宝六载，也正是在这一年，杜甫和上千莘莘学子一起走进了一场别人设置的“赌局”，他们满怀希望、信心满满，以为终于等到了平步青云的机会，谁料这原本就是一场必输的游戏。而杜甫又一次深陷其中，输得一蹶不振，像“英雄有时亦如此，邂逅岂即非良图”这样自我开解的豪言壮语，再也没有再讲的兴致了。

3

天宝六年（747年），一个喜大普奔的消息迅速传遍大唐：上欲广求天下之士，命通一艺以上皆诣京师。换句话说，就是皇上要选拔人才了，只要你有一技之长都可以来京城长安参加考试。这种考试并不是科举，而是制举，是皇上亲自选拔人才。对于身处京城的学子们来说，没有比这个更让他们感觉幸福的事情了，他们连忙奔走相告，甚至开始互相祝贺，仿佛已经高中了。杜甫得到这个消息比其他人略晚一些，他为了维持生计并维护自己的颜面，一大早就到终南山采药去了。他要把这些草药卖给一些达官贵人的府上来换取一些钱财，表示从他们那里得来的钱财是等价交换，而不是被施舍所得。黄昏时分，杜甫拖着疲惫的身躯，背着药篓走进城门，便感觉气氛与平时大不一样。略作打听，便知道了皇上开恩科的事情，不由得心花怒放。苦等的机会终于来临，他平步青云，实现自己理想与抱负的时机终于来了！

长安的学子们并不知道的是，当朝红人、宰相李林甫最忌恨文人和艺术家，因为这些人往往口不择言，什么话都敢说。而他坏事做绝，用莫须有的罪名制造了大量的冤案，不久之前才杖杀了李邕、裴敦复等文化界名流，还将皇甫惟明、韦坚等刚正不阿的忠良大臣诬陷致死。这一系列的行为让他在民间尤其是文化界的名声烂到了极点。他害怕这些人批评朝政，对他不利，于是便要了一个手腕。他告诉各地方官员要对来京城应试的人严格把控，各州府县逐层进行考试，层层筛选，把不听话的、乱说话的统统筛选下去，然后到我这里再进行一次考试。考完之后，再到皇上那里进行终审。而这次考试也创造了中国考试史上一个空前绝后的结果——无一人中第。一次由皇帝发起的全国性大规模的考试，竟然选拔不出来一个人才，这简直就是一件离奇的怪事。更奇怪的是，皇帝竟然信了李林甫“野无遗贤”这样歌功颂德的话。可见这个创建了大唐盛世的皇帝，终日在皇宫之中纵情于声色犬马，对朝堂之外的世界一天比一天模糊，从一个英明的君主变成了一个糊涂的天子。

杜甫又一次赌输了。如果说二十四岁时东都洛阳的那次落第对他没有太大的影响的话，这次时隔十二年之后考试的落地对他几乎是致命的打击。身处长安的杜甫在饥寒交迫之中挣扎，唯一的希望便是用自己几十年的才学在这次恩科中出类拔萃、金榜题名，从此过上如祖父和先祖一样的生活。可仅仅“野无遗贤”四个字就把他从天宫打到了十八层地狱。他那篇连自己都要感动得竖大拇指的锦绣文章，竟然连见到皇上的机会都没有，这怎能让他不满怀孤愤呢？可此时的长安被阴谋和恐怖的气氛笼罩，他连发发牢骚的勇气都不敢有，恐怕稍有不慎便会身陷囹圄。《赠比部萧郎中十兄》是他落第不久之后写给表兄的诗，诗中隐约流露出不满和愤慨的情绪：“漂荡云天阔，沈埋日月奔。致君时已晚，怀古意空存。中散山阳锻，愚公野谷村。宁纡长者辙，归老任乾坤。”杜甫自幼就“窃比稷与契”，励志用自己的一生实现“致君尧舜上，再使风俗淳”，如今年过中年，却再次落第，一事无成，唯有学习嵇康，做个隐士罢了。

落榜纵然难过，但比落榜更让人难过的是连抒发一下心中不满的自由都没有了。揭榜之后的这几天，因为妄议制举被抓的考生不在少数，大多数人只能喝着闷酒在心中大骂奸相几句。杜甫在牛饮了几杯之后便默默地离开了酒家，扛着他的药锄继续到终南山采药去了。此刻杜甫行走在长安宽阔的街道上的感觉，已经与他初来长安时的感觉大相径庭。这个比洛阳更加繁华的地方，也比洛阳更加钩心斗角、黑暗污秽。这次落第的打击深入杜甫的骨髓，一直到天宝十一年（752 年）李林甫死后，他还写了《奉赠鲜于京兆二十韵》来表达心中的悲愤：“破胆遭前政，阴谋独秉钧。微生沾忌刻，万事益酸辛。”作这首诗的时候，李林甫刚死，所以称他为“前政”，用白话文来说就是：“回忆当年遭遇李林甫执政，真是叫人闻之丧胆。他善于玩弄阴谋诡计，专权跋扈。我一介书生，偏偏受到了他的忌妒和陷害，此后的生活更加辛酸。”联系当年的真实情况再品读这几句诗，自然会感到诗人对李林甫的批评很激烈也很深刻。

第五章
求　仕

人一旦落魄了，就容易遭人白眼；拼命写文章拍马屁，才得到一个芝麻大的小官。

昭代将垂白，途穷乃叫阍。
气冲星象表，词感帝王尊。
——节选自杜甫《奉留赠集贤院崔于二学士》

引　言

落第后的杜甫虽然心灰意冷，但生存才是迫在眉睫的事情。这个世界上最可悲的并不是意志消沉，而是连消沉的机会都不给你。

饥肠辘辘的杜甫不得不再次向长安城南郊走去。他的族孙杜济住在南郊，为了吃顿饭，这一年多来，他不得不低声下气。这位族孙的生活远远称不上富裕，每每看到长辈来了，心里老大不乐，可嘴上又不好说什么，只好在行动上表现出来：打水的时候使劲摇动水桶，把井水搅浑；到园子里收菜，乱砍一通。杜甫看在眼里，难过在心里。人一旦贫贱，连同族的晚辈也会给脸色看。看着拿在手中那一碗果腹的餐食，杜甫的心中充满了矛盾。

1

考试的路子走不通，生活又如此艰难，杜甫只好寻找其他出路。当时，杜甫已经有不少作品在长安流传，生活虽然困苦，但诗名越来越大。于是他开始赠诗朱门，希望得到显贵们的援引。天宝七年（748年），韦济由河南尹升迁到尚书左丞并入京供职，这给了杜甫新的希望。他连忙写了一首《赠韦左丞丈济》，投给韦济，希望能够得到提拔。

左辖频虚位，今年得旧儒。
相门韦氏在，经术汉臣须。
时议归前烈，天伦恨莫俱。
鸰原荒宿草，凤沼接亨衢。
有客虽安命，衰容岂壮夫。
家人忧几杖，甲子混泥途。
不谓矜余力，还来谒大巫。
岁寒仍顾遇，日暮且踟蹰。
老骥思千里，饥鹰待一呼。
君能微感激，亦足慰榛芜。

——杜甫《赠韦左丞丈济》

诗中首先从左丞之职，颂扬了韦公门第。然后说出穷老而受知于韦，如今还能有余力来谒。因为韦济对他有接遇之情，因此有了踟蹰盼望的意思。盼望韦济能够感动提携，则自己就不会沦为荆榛芜草了。实际上，韦济也确实在官员会集的场合大力推荐过杜甫，但对于杜甫的政治生涯却没有起到什么作用。可能在都城长安，尚书左丞也确实算不上什么太有影响力的官员。这使杜甫颇为感慨，在其后所作的《奉赠韦左丞丈二十二韵》中，多多少少有了一些发牢骚的感觉。从目前看来，这首诗可以说是杜甫在那个时期的一个代表作，诗中的很多句子广为流传。

纨绔不饿死，儒冠多误身。
丈人试静听，贱子请具陈。
甫昔少年日，早充观国宾。
读书破万卷，下笔如有神。
赋料扬雄敌，诗看子建亲。
李邕求识面，王翰愿卜邻。
自谓颇挺出，立登要路津。
致君尧舜上，再使风俗淳。
此意竟萧条，行歌非隐沦。
骑驴十三载，旅食京华春。
朝扣富儿门，暮随肥马尘。
残杯与冷炙，到处潜悲辛。
主上顷见征，欻然欲求伸。
青冥却垂翅，蹭蹬无纵鳞。
甚愧丈人厚，甚知丈人真。
每于百僚上，猥诵佳句新。
窃效贡公喜，难甘原宪贫。
焉能心怏怏，只是走踆踆。
今欲东入海，即将西去秦。
尚怜终南山，回首清渭滨。
常拟报一饭，况怀辞大臣。
白鸥没浩荡，万里谁能驯？

——杜甫《奉赠韦左丞丈二十二韵》

全诗翻译如下：富家的子弟不会挨饿，清寒的读书人大多贻误自身。韦大人请您安安静静地细听，如今卑贱的我想把往事跟您说说。在我还是个少年时，就已经充当参观王都的来宾。先后熟读过万卷书籍，写起文章来思维敏捷如有神助。我的辞赋能与扬雄匹敌，我的诗篇可跟曹植并论。李邕都要寻求机会和我见面，王翰愿意与我结为近邻。我自认为是一个能力突出的人，一定可以很快身居要津。辅佐君王而且成就在尧舜之上，要使社会风气变得敦厚淳朴。如今，平生的抱负全部落空，忧愁歌吟，绝不是想优游退隐。我用了十三年的时间漫游天下，又寄食长安度过不少的新春。一大早就要扣敲豪贵人家的大门，晚上还要追随他们骑的肥马，呼吸马蹄扬起的灰尘。吃过别人的残汤剩饭，处处感到生活的艰辛。不久被皇帝征召，忽然觉得有了施展抱负的机会。但自己像大鹏鸟折断了翅膀从天空坠落，又像鲤鱼不能跃过龙门。我很惭愧，您对我情意宽厚，我深知您待我一片情真，不遗余力地将我的诗篇举荐给百官们，朗诵着我写的句子，赞扬格调清新。想效法贡禹希望得到提拔，却又难忍受像原宪一样的清贫。我怎能这样使内心烦闷忧愤，老是且进且退地厮混。我想干脆一走了之，向东奔入大海，离开这古老的西秦。可我留恋城南那巍峨的终南山，还要回首仰望清澈的渭水之滨。我想报答您的“一饭之恩”，想辞别关心我的那些大臣。希望我可以像白鸥出现在浩荡的烟波间，飘浮万里，有谁能把我驯服？

在杜甫困守长安时所写下的求人援引的诗篇中，要数这一首最好。这类社交性的诗，带有明显的急功近利的企图。常人写来，不是曲意讨好对方，就是有意贬低自己，容易露出阿谀奉承、俯首乞怜的寒酸相。杜甫在这首诗中却能做到不卑不亢，直抒胸臆，吐出长期郁积下来的对封建统治者压制人才的悲愤不平，这是他超出常人之处。从诗中也能看出来，虽然韦济在政治之路上并没能真正帮到杜甫什么，但是在生活上还是给了他不少接济。

除韦济之外，杜甫还赠诗给京兆尹鲜于仲通，在诗中痛苦地言道：“有儒愁饿死，早晚报平津”；赠诗给左丞相韦见素，述说韦、杜两家原是世交，盼望给予照顾；赠诗给河西节度使哥舒翰，提出愿去幕府参谋军事的请求；同时赠诗给哥舒翰的判官田梁丘，寄望他从中帮助说说好话。哥舒翰是个讲义气、重贤才的人，如果不是身患重病、还京居家的话，杜甫很可能就此参军了。

2

天宝八年（749 年）冬天，杜甫打算离开长安回家养疾，几年的沉郁让他的身体情况越来越不好。虽然在长安的生活略有起色，但孤苦的感觉依然时时萦绕在他的心头，回家似乎已经成为唯一的选择。虽然依靠赠诗让他结识了不少权贵，机会似乎也比上一年多了一些，但是前途依然渺茫，不得已的他只好背起行囊，在几个好友的送别之下踏上了东行洛阳的路。

回到家乡的那个冬天，杜甫的行踪无从考证，唯一有记载的是在此期间他曾到太微宫参观过吴道子所作的壁画，并赋诗一首，在后世广为流传。

配极玄都閟，凭虚禁御长。
守祧严具礼，掌节镇非常。
碧瓦初寒外，金茎一气旁。
山河扶绣户，日月近雕梁。
仙李蟠根大，猗兰奕叶光。
世家遗旧史，道德付今王。
画手看前辈，吴生远擅场。
森罗移地轴，妙绝动宫墙。
五圣联龙衮，千官列雁行。
冕旒俱秀发，旌旆尽飞扬。
翠柏深留景，红梨迥得霜。
风筝吹玉柱，露井冻银床。

身退卑周室，经传拱汉皇。
谷神如不死，养拙更何乡。
——杜甫《冬日洛城北谒玄元皇帝庙》

明代胡应麟的《诗薮》评价这首诗：雄丽奇伟，势欲飞动，可与吴生画手，并绝古今。南宋刘克庄的《后村诗话》则称赞这首诗“为千古五言律诗典则”。诗名中提到的洛城北玄元庙，原本是李隆基做临淄王时的王府。天宝二年（743年），已是大唐皇帝的他亲自祭祀老子，把玄元庙改成了太清宫，同时把洛阳庙改成了太微宫。杜甫参观的就是太微宫，而他题目中却无视唐玄宗改名，仍然用了“玄元皇帝庙”，实际上已经具有了很强的讽刺意味，也可看出诗人当时对政府是颇为不满意的。第一段记录了玄元庙庙制非常威严，往来进出都要凭通行证。庙内更是碧瓦金茎，山河拱护，日月近梁，居高临下。第二段则说明了祀庙的原因：因为老子成了唐室远祖，这是非常荒唐和可笑的。“仙李”指的是道家创始人、《道德经》的作者老子李耳。因《神仙传》说李耳生下来就能说话，指着一棵李子树说：“以此为我姓。”“猗兰”本指生于猗兰殿的汉武帝，在此比喻唐玄宗。唐玄宗特别推崇老子，沾了蟠根仙李之光。杜甫诗中的意思大概是说，这一切是如此可笑。因为李耳其人在《史记》只是记载在列传中，连世家也没有资格进入，也许是太史公把李耳遗忘了吧！老子恐怕也未曾料到他的《道德经》会由当今皇上来作注令天下人传习。第三段讲了太微庙中吴道子所画的壁画。五圣分别指唐玄宗前的高祖、太宗、高宗、中宗、睿宗。壁画虽然精工，但五圣之中，杜甫只赞扬过太宗。这首诗里并提“五圣”，不过就事论事而已。第四段叙述了冬日景象。最后一段则阐述玄元皇帝庙如此隆重祭祀老子，这与老子的主张完全相反。老子主张功成身退，主张清净无为，如若谷神不死，老子定会选择隐居于山林之中，定然不会喜欢热闹非凡的玄元皇帝庙。连仇兆鳌也说：“结含讽意。”

这首诗流传很广，影响很大。许多研究杜诗的专家都认为其主旨是杜甫讽刺李隆基过分推崇道教。其中最有代表性的是被称为清代诗坛盟主之一的钱谦益的观点："唐自追祖老子，见像降符，告者不一。玄宗笃信而崇事之，公作此诗以讽谏也。"浦起龙则认为诗中"配极"四句，亦似巨典，亦似悖礼；"碧瓦"四句，亦似壮观，亦似逾制；"蟠根""奕叶"，亦似绵远，亦似矫诬；"遗旧史"，亦似反挑，亦似实刺；"付今王"，亦似同揆，亦似假托；纪画处，亦似尊崇，亦似涉戏；"谷神""何乡"，亦似呼吸可接，亦似神灵不依，而读去毫无圭角，所以为佳。其实，杜甫的意思可能只是说玄元皇帝庙外表如此壮丽辉煌，可是其来源却如此滑稽可笑。如果不去追究作者的主观意图，既然这首作品能够让人感受到唐玄宗把李耳尊为始祖一事实在是非常荒唐，咏叹之间能够感受到讽刺的意味，就足以显示出这首诗具有的现实意义。

3

天宝九年（750 年），杜甫三十九岁，又从洛阳来到了长安，继续他的求仕之路。调整之后归来，除了赠诗之外依然没有什么别的法子。这次他找到了初入长安时曾经有过几面之缘的张垍。张垍是名相张说的次子，又是玄宗的女婿，早在开元十八年（730 年）的时候便已经身居卫尉卿的位置，如今更是深受皇上恩宠，特许在皇宫内院中置宅，侍为文章，赏赐的珍玩不计其数。杜甫作了一首诗奉献给他，希望得到提拔。

翰林逼华盖，鲸力破沧溟。
天上张公子，宫中汉客星。
赋诗拾翠殿，佐酒望云亭。
紫诰仍兼绾，黄麻似六经。
内分金带赤，恩与荔枝青。
无复随高凤，空余泣聚萤。
此生任春草，垂老独漂萍。

倘忆山阳会，悲歌在一听。

——杜甫《赠翰林张四学士》

这首诗的意思是：张翰林您位高势大，文章功力更是如同巨鲸突破沧海。您是天上降下凡间的张公子，来到宫中的汉客星。您陪着皇上和公主在金宫翠殿赋诗，在水榭云亭佐酒。您可以给皇上兼草紫诰，言辞邃密如写在黄麻纸的六经文一般。皇上赏赐给您赤金腰带，还把新鲜的荔枝赠给您享用。我为自己在您身居宫内之后便无缘再追随您这只高空飞翔的凤凰而遗憾，这些年我还是认真聚萤光苦读书。我的这一生就像春天的野草一样随意生长，就像漂流的浮萍一样独自垂老天涯。您还记得我们见面时的情景吗？悲歌一曲，望您念在曾经相识的情分上提携提携。从诗中可以看到，杜甫写这类型的诗已经是轻车熟路，所用的技巧无非是先称赞对方一番，然后再叙述一下自己现在多么的惨，最后再拉拉关系，希望得到对方的提拔。张垍究竟有没有帮助杜甫？答案是肯定的。杜甫在四年之后写给张垍的《奉赠太常张卿垍二十韵》中有“吹嘘人所羡”和“材小辱提携”这样的句子。可见，张垍确实“吹嘘”“提携”过杜甫。

天宝十年（751年）正月初八到初十的三天内，唐玄宗连续举行了三个盛典：祭祀玄元皇帝、太庙和天地。无路可走的杜甫作了《三大礼赋》——《朝献太清宫赋》、《朝享太庙赋》、《有事于南郊赋》，并把《进三大礼赋表》投入“延恩匦”中。没想到玄宗皇帝不但看到了这三篇文章，还十分赞赏，让他待制集贤院，命令宰相亲自考试他的文章。杜甫这次投匦的时机选得太巧妙了，也许有懂行的高人从中指点，事情才能如此顺利。这个高人既要懂得玄宗皇帝的喜好，又要了解三大盛典举行的根本缘由，还要有机会提醒皇帝注意“延恩匦”，再加上张垍的哥哥张均在那场祭祀玄元皇帝的盛典中充当了求“妙宝珍符”的重要角色，就不难想象出这个幕后的高人非张垍莫属。事实证明，这次投赋是杜甫距离成功最近的一步。但只差一步的成功也仍然是没有成功，杜甫在写三大赋的时候不是没有考虑到宰相李林甫的存在会不利于他的仕进，也或者张垍曾经提醒过他，所以三大赋中但凡直接或是间接有涉及宰相的地方，他都写得非常谨慎，甚至还不惜谬加称颂。例如，“四十年来，家家自以为稷契”（《有事于南郊赋》），虽然没有直接夸赞李林甫犹如古代的贤臣稷和契，但也全是肯定之词，自然也包括玄宗即位至今这整整四十年中执政了将近二十年的宰相李林甫了。可他还是错误地估计了李林甫的心胸，并不是每一个宰相的肚子里都是能撑船的。李林甫既然早已宣布“野无遗贤”，这次如果让杜甫顺利通过了考试，那他岂不是给了自己一巴掌？更何况杜甫本身就是当年应召的学子之一，他自然会担心杜甫“泄露当时之机”。可是皇帝下了命令，总是要执行的吧，于是便有了后面的“送隶有司，参列选序”的结局。不过，说句公道话，杜甫的遭遇也不能全怪李林甫忌才，唐玄宗本身也未必真心爱才。要知道两次考试都是他亲自做出的决定。上次李林甫做了手脚，杜甫一事本就说明了所谓“野无遗贤”的疏漏，可他似乎丝毫没有觉察。“汉皇重色思倾国”，整日沉迷于温柔乡之中，他哪里还能顾得上重才、思贤？即使一时兴起，下诏选贤，也不过是故作姿态，廉价地沽“明君”之名钓“好德”之誉罢了。

杜甫在长安大概“候补”了一年的时间，一直到天宝十年（751年）春，也没看到什么希望，便特意留诗给崔、于两位学士，感谢了一下他们的赞许，又发了一通牢骚之后，暂时回洛阳探家去了。

昭代将垂白，途穷乃叫阍。
气冲星象表，词感帝王尊。
天老书题目，春官验讨论。
倚风遗鹢路，随水到龙门。
竟与蛟螭杂，空闻燕雀喧。
青冥犹契阔，陵厉不飞翻。
儒术诚难起，家声庶已存。

故山多药物，胜概忆桃源。
欲整还乡旆，长怀禁掖垣。
谬称三赋在，难述二公恩。

——杜甫《奉留赠集贤院崔于二学士》

这首诗阐述了从献三大礼赋到决心还乡前前后后的大致过程，其中崔学士是吴郡人崔国辅，也是一名诗人；于学士则是于休烈，是开元初第进士。崔于二人当时是试文的官员，非常赞赏杜甫的才华，在杜甫候补期间，交往比较密切，所以杜甫在离开之前，赠诗给他们。

杜甫此次回洛阳探亲只是小住，他并没有完全断了做官的念想，在此后的两三年内，又通过“延恩匭”投献了《封西岳赋》《雕赋》等。但这些行动并没有任何反馈，可见没有精心策划的行动是不可能引起玄宗注意的。杜甫的候补生涯一直持续到天宝十四年十月，才被授予了一个河西县尉的小官。县尉的官阶为从九品，相当于一个小县的公安局局长。杜甫无法接受这样的安排，便没有接受。后来又改授为右卫率府兵曹参军，管理东宫宿卫工作，可以留在长安。因为生活所迫，他只好上任。一个胸怀大志的经世之才，苦苦挣扎了十年，才谋到一个看守兵甲、管理门禁钥匙的小小官职，着实让人啼笑皆非。

第六章
蜕　变

品完了世态炎凉，看尽了人生百态，浪漫主义的思想从脑子里褪去，现实主义的王国在心中开始构建。

挽弓当挽强，用箭当用长。
射人先射马，擒贼先擒王。
杀人亦有限，列国自有疆。
苟能制侵陵，岂在多杀伤。
——杜甫《前出塞九首》（其六）

引　言

杜甫活了五十九岁，四十岁之前的诗留存下来的非常稀少，只有五十多首，其中虽然也有“会当凌绝顶，一览众山小”之类的千古名句，但其咏颂的对象局限在山川的壮丽和自我的经历。他的家学在很大程度上禁锢了他的思维，数百年封建官僚氏族的传统如同一个铁箍套住了他的精神世界。纵然是青年时代，漫游于山水之间，探幽于丛林之中，寄望于海外仙岛，也曾骑马射箭，也曾醉酒狂歌，也曾寻仙问道，但他的心里无时无刻不隐藏着家学这个深深的烙印。这让他无法如李白一般洒脱，无法如苏源明一般无惧，他活在自己的小世界里，看见的仅仅是头顶那一小片天空。

在长安困守十年，可谓仕途坎坷，一事无成，建功立业的梦想破碎得连一点渣滓都不剩，剩下的仅仅是一把年纪和一副病躯。然“失之东隅，收之桑榆”，由于他在长安长期混迹于王侯将相之中，行走于高门贵府之间，看遍了贵族骄奢淫逸的生活，亲历了官场黑暗的内幕。同时，走出朱门，他又沦落为贫民，流浪在市井之中，饱经忧患，看遍疾苦。这种直接的对比既折磨着他，也教育着他，他失去了“清狂”的心态，却磨炼出一双能够透视生活的眼睛，他彻底完成了从理想主义到现实主义的转变。同时，他的思想越发成熟，心境越发深沉，对情感的把握越发真挚，对文字的把握越发朴素。他诗中华丽的辞藻渐渐淡去，语言返璞归真。也正是因为这些原因，他的一首首诗如同一篇篇珍贵的历史素材被后人所研究。

在这十年的后期，他成功地创作出大量揭露统治阶级腐朽黑暗、反对穷兵黩武的开边政策、为社会底层百姓呼吁的卓越诗篇，这为他其后十几年现实主义伟大乐章源源不断地涌现奏响了开幕曲，而这些收获对于当时仍在生死线上徘徊的诗人自然是一无所知的。

1

天宝十年（751 年），对于大唐百姓来说是一个多灾多难的年份。李林甫专政，奸臣弄权，把开元时代的纯良政风破坏殆尽。驻守边关的将领大多好大喜功，为了获得战功，不惜挑起战争。这一招在开元末年和天宝初年还可以起到一些效果，可是到了后来就不行了，浮夸的作风自上而下在军队里滋生，唐军的战斗力直线下降。在这一年内，先是鲜于仲通讨伐南诏，率兵八万，至西洱河，遭到惨败，士兵死了六万人；

接着高仙芝出击大食，又没有成功，士兵死伤一万五千人。于是，便开始征召长安、洛阳以及河南、河北的男丁，打算再次讨伐南诏。大家都知道此去南诏凶多吉少，不愿意让自己的孩子应征，官府就派遣御史到处抓人，带上枷锁直接送到军营。部队开拔的时候，父母、妻儿的哭声震天。杜甫亲眼目睹这送别的惨状，内心受到了极大的震动，写出了人生中第一首替广大人民说话的诗《兵车行》。

车辚辚，马萧萧，行人弓箭各在腰。
爷娘妻子走相送，尘埃不见咸阳桥。
牵衣顿足拦道哭，哭声直上干云霄。
道傍过者问行人，行人但云点行频。
或从十五北防河，便至四十西营田。
去时里正与裹头，归来头白还戍边。
边庭流血成海水，武皇开边意未已。
君不闻汉家山东二百州，千村万落生荆杞。
纵有健妇把锄犁，禾生陇亩无东西。
况复秦兵耐苦战，被驱不异犬与鸡。
长者虽有问，役夫敢申恨？
且如今年冬，未休关西卒。
县官急索租，租税从何出？
信知生男恶，反是生女好。
生女犹得嫁比邻，生男埋没随百草。
君不见，青海头，古来白骨无人收。
新鬼烦冤旧鬼哭，天阴雨湿声啾啾！

——杜甫《兵车行》

翻译成白话文如下：道路上车轮滚滚战马嘶叫，出征的青年腰间都挂着弓箭。父母和妻儿纷纷跑来相送，扬起的灰尘弥漫在天空，连咸阳桥都看不见了。亲人们拦在路上拽着衣服失声痛哭，凄惨的哭声直冲九天云霄。过路的人不明所以，便在旁边询问原因，回答的人说官府征兵实在太频繁。有人刚刚十五岁就到北方驻防，到了四十岁又被派到河西去营田。去的时候还是裹着头巾的少年，归来时已是头发花白，如今又要到前线去镇守。驻守边疆的战士流的血多得可以汇聚成一片海洋，而皇上开疆扩土的野心却没有穷尽。难道你没有听说汉家华山以东两百州，百千个村落里都长满了草木。即使有健壮的妇女手拿锄犁耕种，田地里的庄稼也长得东倒西歪的。更何况秦地的士兵又能够苦战，被驱使去作战与鸡狗没有分别。尽管长辈有疑问，服役的人们怎敢申诉怨恨？就像今年冬天，还没有停止征调函谷关以西的士兵。县官紧急地催逼百姓缴租税，租税从哪里出？如果确实知道生男孩是坏事，反而不如生女孩好。生下女孩还能够嫁给近邻，生下男孩死于沙场埋在荒草间。您没有看见，青海边上，自古以来战死士兵的白骨没人掩埋。新鬼烦恼地怨恨旧鬼哭泣，天阴雨湿时众鬼凄厉地发出啾啾的哭叫声。

我们暂且不说这首诗中的内容反映了怎样的时代特点，单单从这首诗的表现形式来说，就是一个极大的突破。“行”是乐府歌曲的一种体裁。这首诗没有沿用古题，而是因事而发，自创新题，一鼓作气，一挥而就，把离别时悲伤的场景一榔头一榔头地敲进人心。这种题材的呈现，说明杜甫已经突破了家学的樊篱，开辟出了一条属于自己的诗学之路。同时，他的诗疆土扩大了，里面出现了被剥削、被奴役的劳动人民，他的视角开始从自己这个“小我”转向了广大劳动人民这个“大我”，诗的内容从“我”开始升级到“我们”。俗话说，站得多高，看得多远。四十岁以前的杜甫，一心一意都是自己如何出仕，如何成为“稷与契”；随着《兵车行》的出现，诗人的视野无疑向高处大大迈进了一步，他的眼里开始有逐渐破碎的山河，有处于社会最底层的老百姓，有边关的战事和大唐的危机。

2

天宝十年（751 年）秋天，长安连续下了许多天的大雨，每天都有房舍被大雨冲塌的消息。杜甫在客舍整整病了一个秋天，积水滋生了蚊虫，潮湿得连床前的地上都长满了青苔。杜甫本来肺部就不太好，这次又感染了疟疾，可谓雪上加霜。好在友人王倚多加照料，才算渡过难关。这件事在他写的《病后遇王倚饮赠歌》中有所记录。

麟角凤觜世莫识，煎胶续弦奇自见。
尚看王生抱此怀，在于甫也何由羡。
且遇王生慰畴昔，素知贱子甘贫贱。
酷见冻馁不足耻，多病沈年苦无健。
王生怪我颜色恶，答云伏枕艰难遍。
疟疠三秋孰可忍，寒热百日相交战。
头白眼暗坐有胝，肉黄皮皱命如线。
惟生哀我未平复，为我力致美肴膳。
遣人向市赊香粳，唤妇出房亲自馔。
长安冬菹酸且绿，金城土酥静如练。
兼求富豪且割鲜，密沽斗酒谐终宴。
故人情义晚谁似，令我手脚轻欲漩。
老马为驹信不虚，当时得意况深眷。
但使残年饱吃饭，只愿无事常相见。

——杜甫《病后遇王倚饮赠歌》

译文如下：世人大多数不识麟角凤觜的奇妙作用，只有把它们合煎为胶续弦接金之后，才能明白其神妙的效果。如今遇见的王先生就具有这种煎胶续弦的奇志高怀，是我杜甫远远比不上的。今天来拜访王先生，是为了感谢他昔日对我的关照，以慰夙愿。王先生知道我是甘于贫贱的。经常受冻挨饿的我，已经不觉得贫贱是多么羞耻的事。在这多病的季节，我的病情偏偏就是不见好转，实在让我毫无办法。多亏王先生发现我脸色不好，就来询问我原因。我说我得的疟疾之症让我受尽了折磨，整整一个秋天，每天都苦不堪言。我的身体忽冷忽热，就像打仗一样互相交替。如今的我已经头发全白，眼睛也变得浑浊，屁股上都坐出了老茧，面黄肌瘦，脸上布满了皱纹，估计活不了几天了，生命就像丝线一样随时可能会断掉。王先生同情我，可怜我的病体，尽心尽力地为我送来可口的饭菜。还派人到集市上去赊来香米，让他的老婆亲自下厨房为我准备饭菜。冬日长安的咸菜又酸又绿，金城土产的酥饼色白如练。他还寻找豪猪宰杀了，让我吃个新鲜，买来美酒与我共饮，那亲密的感觉，让我感觉特别友好。人到了晚年，谁能像故人这样看重情谊？真让我感动得想要跳起来在地上转上几转。有人说老马可以变成幼驹，这话确实不假。此时此刻，我就已经忘记了自己的年龄。何况我蒙受王先生深深的情谊，让我的余年能够吃饱饭，只希望以后经常还能与先生相见。

同年冬天，他寄给咸阳、华原两县的友人的诗句中也说出了他饥寒交迫的情况："饥卧动即向一旬，敝裘何啻联百结。君不见空墙日色晚，此老无声泪垂血。"王倚和咸阳、华原的友人，都不是什么权贵，也不是名流。当时的杜甫引经据典，用一篇篇排律呈献给大臣们祈求引荐的时候，也用自然平实的语言向这些平凡的人述说不幸的际遇。这时期，杜甫已经开始汲取民间的方言和口语，把它们融入诗句之中，使他的诗变得更为新鲜有活力。

3

天宝十一年（752 年）十一月，奸相李林甫死后，另一个奸相杨国忠担任了右相之位，同时还兼任文部尚书等四十多个职位，可谓权倾朝野。而这一切，皆因为皇帝宠爱他的妹妹杨玉环，竟不惜以天下之力和朝廷的爵位来博得她的欢心。稍微和杨家沾点亲带点故的也大多能够官居要职，杨家的三个姐妹更是被封为韩国夫人、秦国夫人和虢国夫人，可以说享尽了荣华富贵。正所谓一女承欢，六亲厚禄，裙带当权，万姓遭殃，“遂令天下父母心”有“不重生男重生女”之恨。

第二年春天，古时的三月三日为上巳节，长安人习惯在这一天到城东南的曲江赏游。曲江边上建设有非常豪华的宫殿，被称为长安第一胜景。杜甫与王倚夫妇也相约一起赏景。不料本是一次放松的游玩，却因为恰巧看到了杨国忠兄妹及家丁骄奢淫逸、作威作福的场景，不由得触怒了诗人的心弦，遂写出了流传千古的《丽人行》加以揭露和讽刺。

三月三日天气新，长安水边多丽人。
态浓意远淑且真，肌理细腻骨肉匀。
绣罗衣裳照暮春，蹙金孔雀银麒麟。
头上何所有？翠微盍叶垂鬓唇。
背后何所见？珠压腰衱稳称身。
就中云幕椒房亲，赐名大国虢与秦。
紫驼之峰出翠釜，水精之盘行素鳞。
犀箸厌饫久未下，鸾刀缕切空纷纶。
黄门飞鞚不动尘，御厨络绎送八珍。
箫鼓哀吟感鬼神，宾从杂遝实要津。
后来鞍马何逡巡，当轩下马入锦茵。
杨花雪落覆白苹，青鸟飞去衔红巾。
炙手可热势绝伦，慎莫近前丞相嗔。

——杜甫《丽人行》

白话译文如下：三月三日阳春时节，长安天气清新，城东南的曲江河畔聚集了好多美人。她们个个姿态娴雅、神情平和、文静自然、肌肤细腻、胖瘦适中、身材匀称。她们身上的绫罗绸缎可以与暮春风光相媲美，衣裳上用金丝绣着孔雀、用银丝刺着麒麟，极其华美。她们头上戴的是什么珠宝首饰呢？翡翠做的花饰垂挂在两鬓之上。在她们的背后能发现什么呢？珠宝镶嵌的裙腰非常合身。中间最光彩亮丽的应该都是贵妃的亲戚，这里面有虢国夫人和秦国夫人。从翡翠的蒸锅里端出香喷喷的紫驼峰，水晶圆盘中盛放着肥美的白鱼。她们虽然拿着犀牛角做的筷子却一口也不见吃，厨师们虽然快刀细切却是空忙了一场。宦官们骑马飞驰而来，却连灰尘也不敢扬起。御厨络绎不绝送来各式各样的山珍海味。鼓乐手们笙箫鼓乐，缠绵婉转，感动鬼神，能够坐在旁边的宾客都是达官贵人。有一个骑马官人是何等骄横，直接把马骑到了车前，然后踏上绣毯走进帐门。杨花似片片白雪飘落，覆盖在湖中的浮萍上，青鸟飞去衔起地上的红丝帕。受皇上眷顾的人都位高权重，气势绝伦，咱们普通的老百姓可千万不要往前凑，以免惹怒了宰相大人遭到训斥！

这篇诗的主题思想和倾向并不隐晦，但这些并非诗中的文字直接写出来的，而是从诗中描绘的场面和情节中自然而然流露出来的。诗句从头到尾都采用了正面咏叹的方式，态度严肃而认真，笔触精致细腻，着色金碧辉煌，毫无油腔滑调，也没有特意刻画的感觉。令人叹服的是，杜甫在这一本正经的咏叹之中，成功地完成了揭露腐朽、鞭笞邪恶的神圣使命，达到了比一般轻松的讽刺更为高级的艺术批判效果。正如浦起龙所说：“无一刺讥语，描摹处语语刺讥；无一慨叹声，点逗处声声慨叹。”

奢华到极点的景象非但掩饰不了这个国家背后的危机，反而将这种危机更彻底地暴露在明眼人的面前。最高的统治阶级已然如此腐败，那么距离天下大乱也就指日可待了。

怀才不遇的杜甫一面感慨朝堂的腐败，一面还要出入这些人的门庭，这在他的心里是非常矛盾的。所以，他也会写一些诗句来激励和提醒自己要保持一颗即便是入了淤泥也不能有所沾染的纯洁之心。

缫丝须长不须白，越罗蜀锦金粟尺。

象床玉手乱殷红，万草千花动凝碧。

已悲素质随时染，裂下鸣机色相射。

美人细意熨帖平，裁缝灭尽针线迹。
春天衣著为君舞，蛱蝶飞来黄鹂语。
落絮游丝亦有情，随风照日宜轻举。
香汗轻尘污颜色，开新合故置何许。
君不见才士汲引难，恐惧弃捐忍羁旅。

——杜甫《白丝行》

译文如下：缫丝的时候希望它尽量长，而不在意它有多白净。越地的罗和蜀地的锦都要用镶有金粟的尺子来量。络丝之后，用各种花草的染料将它染成美丽的颜色。这时已经因素净的质地被恣意染色而悲伤，但当它从织机上被剪下时仍然为它的华美而赞叹。小心地将它熨得平整，裁缝用它来制衣时将针线的痕迹都掩盖起来。春光明媚的时候穿着这样的衣服为了你翩然起舞，美好的样子引来蝴蝶围绕、黄鹂啼叫，连飞扬的柳絮和飘荡的柳枝似乎也含情意，衣裙随风摆动，轻柔随身。嫌薄汗和些许尘土玷污它的美丽，衣服打开来穿的时候还是新的，脱下来的时候已成了旧装，不知道放在哪里了。你不知道吧，那些有才华的人要被赏识有多么困难，即使被起用了，又害怕哪一天会被弃置，这样的赏识对他们来说是一种痛苦而又难熬的旅程。素丝浸染之初，便是被玷污之时，尽管会染上“万草千花动凝碧”之色，但它洁白的本质已不复存在。待到“春天衣著为君舞”时，虽尊荣至极，却是被抛弃的开始。杜甫用这样的比喻来提醒自己既要有所作为，又要保持自己洁白的品质。

这些经历和感悟是杜甫十年来真正的收获。从怀揣梦想来到长安，到应召不第穷困潦倒，从献赋得召到“候补”三年，从贵族的园林到贫乏的坊巷，从咸阳桥离人的眼泪到曲江池丽人的欢笑，诗人目睹了这一切，参与了这一切，看透了这一切。对于一个普通人来说，这些经历是苦难，然而当我们把视线拉长到千年的历史，把角度调转到整个诗坛，对于杜甫来讲，这又何尝不是一个黄金时代，一个让他完成心灵的蜕变、让他的作品迈向顶峰的黄金时代。

第七章
升　华

当了官儿，小女儿还是被饿死了，这究竟是一个何样的大唐盛世？

清夜沉沉动春酌，灯前细雨檐花落。
但觉高歌有鬼神，焉知饿死填沟壑？
相如逸才亲涤器，子云识字终投阁。
先生早赋归去来，石田茅屋荒苍苔。
儒术于我何有哉，孔丘盗跖俱尘埃。
不须闻此意惨怆，生前相遇且衔杯！

——节选自杜甫《醉时歌》

引　言

杜甫在长安期间，对他的家庭来说绝对是一种折磨，他的妻子一直在老家苦苦支撑。杜甫在天宝八年（749 年）冬天自长安归家之后，妻子为他生下了第一个儿子杜宗文。此后的几年，家道更加艰难，杨氏带着儿子与杜甫聚少离多。天宝十一年（752 年），李林甫死了之后，不少旧事得以重提，杜甫的日子也好了许多。这仍要归功于三大礼赋的流传，在长安引起了不小的轰动。盛唐本就是一个尚文的时代，满朝文武都来求他的文章，许多王公贵族更是发帖宴请，有一些甚至带着财帛礼品登门拜访。他们都希望杜甫能为他们写一些文章，这样便有可能流芳千古。

杜甫的生活好转之后，终于有条件结束旅居客舍的生活，定居于长安城南的少陵，同时迫不及待地将妻儿接来长安居住。在其后的一年里，杜甫的二儿子杜宗武便降生在这个居所之中。此时的杜甫依然只能靠与达官贵人的应酬中获得的馈赠维持生计。官府的任命一直没有下来，生活的压力还是不小的。杜宗武的降生让这个家庭的负担更加沉重，再加上天灾不断，人祸不停，关中年年闹饥荒，物价上涨飞快。虽然他在附近开辟了几亩薄田，可收成一直不好。天宝十二年（753 年）的秋天，阴雨连绵了六十多天，整个关中地区仿佛一直被一片一望无际的雨云覆盖着。长安城粮食的价格涨了好几倍，许多人家已经顾不得即将到来的寒冬，把棉衣棉被都拿出来换取一点粮食。天灾降临，朝野震动，国都长安沉浸在一片阴霾之中，上自王侯将相，下至平民百姓，心里都是沉甸甸的。大家已经没有心思求什么文章、咏什么诗文。杜甫一家的生活再次陷入艰难困苦之中。

在这种情况下，杜甫一家在长安还没有住够一年便住不下去了，秋雨初歇，就不得不把妻儿送往奉先寄居。奉先县令杨衍是妻子杨氏的堂兄，杨氏幼年的时候曾经在他家住过几年。此去寄居，也是希望能得到一些关照。只是天灾之年，县令的日子也不好过，这一切都是无奈之举。

1

天宝十四年（755 年）十月，杜甫来长安已经整整九年，他终于等来了官府的任命，被任命为河西县尉。县尉对于一个诗人来说是最难接受的职位。杜甫的好友高适任封丘县尉的时候，曾经写过几句诗。

只言小邑无所为，公门百事皆有期。

拜迎长官心欲碎，鞭挞黎庶令人悲。

——节选自高适《封丘县》

这首诗生动地描绘了做一个县尉的无奈，一方面有繁忙的公事，一方面还要阿谀奉承上司，另外还要逼迫老百姓缴纳钱赋。这些无疑都不是诗人愿意做的事情。杜甫在长安曾经与高适重逢，他还庆祝高适从县尉的职位上脱身出来，再也不用鞭挞劳苦人民了。如今他要面对同样的选择，生活的困苦和四十四岁的年龄，使他确实需要一官半职来改变命运，可这几年看遍了百姓的疾苦，让他再去压迫百姓，是绝对无法接受的事情。令人欣慰的是，杜甫最终拒绝了这个任命。这绝不是一个简单的拒绝，要知道在长安苦守九年，目的就是能够谋得一官半职。这次拒绝，说明在他的观念里，出仕已经不再是最重要的事情。此时，在诗人的心中，百姓的疾苦和国家的危难已经超越了自己的得失。好在老天还是略微眷顾了一下他，他最终被任命为右卫率府兵曹参军。这是一个八品小官，也算有了一个身份和微薄的收入。

他接受了这个任命之后，就立刻赶赴奉先探视妻子。这个时候，他的第三个儿子尚未满周岁，妻子在奉先的日子过得非常艰苦。杜甫自然是归心似箭，半夜便从长安出发。当时正值冬季，百草凋零，寒霜刺骨，疾风凛冽。他的手指已经完全冻僵，连衣带都无法系上。这正是唐朝成立以来最黑暗的时代，天灾人祸接踵而来，百姓的生活与开元时代相比简直是天壤之别。杜甫踏月色而行，回想在长安这些年的经历，可谓感慨万千。他想到了李白，想到了李白当日对自己的规劝。他原本也可以与李白一起遨游江河水，潇洒送日月；饮尽天下酒，南海钓巨鲲。可他一心求官，希望能像先祖一样为国家建功立业。他向往开元时代的政府，向往年轻时候的玄宗皇帝，向往十几年前百姓的安居乐业。他觉得自己就像葵藿一样追逐着太阳。可如今，他心中的“太阳”正在不远处的华清宫里与杨玉环欢快，丝毫不顾百姓的死活。天空逐渐放亮，杜甫转北，从危桥上渡过渭河，来到了奉先。他兴冲冲地推开院门，便听到妻子一阵哀号，原来他不满周岁的儿子就在昨晚饿死了。

2

杜甫满怀悲伤回到长安，回想着一路的经历，回想着妻子的哀号，回想着奉先邻居的呜咽；回想着自己身为官宦之家，享受着不服兵役、不纳租税的特权尚且会饿死幼子，那些没有特权的百姓所受的苦、所遭的罪不知道比自己要多多少倍。想到这里，他的忧愁已经弥漫过长安，弥漫过终南山，弥漫到了整个天下。他把这次探望妻子的经历与感想写成了一篇长诗。

杜陵有布衣，老大意转拙。
许身一何愚，窃比稷与契。
居然成濩落，白首甘契阔。
盖棺事则已，此志常觊豁。
穷年忧黎元，叹息肠内热。
取笑同学翁，浩歌弥激烈。
非无江海志，潇洒送日月。
生逢尧舜君，不忍便永诀。
当今廊庙具，构厦岂云缺。
葵藿倾太阳，物性固莫夺。
顾惟蝼蚁辈，但自求其穴。
胡为慕大鲸，辄拟偃溟渤。
以兹悟生理，独耻事干谒。
兀兀遂至今，忍为尘埃没。
终愧巢与由，未能易其节。
沉饮聊自遣，放歌破愁绝。

岁暮百草零，疾风高冈裂。
天衢阴峥嵘，客子中夜发。
霜严衣带断，指直不得结。
凌晨过骊山，御榻在嵽嵲。
蚩尤塞寒空，蹴蹋崖谷滑。
瑶池气郁律，羽林相摩戛。
君臣留欢娱，乐动殷樛嶱。
赐浴皆长缨，与宴非短褐。
彤庭所分帛，本自寒女出。
鞭挞其夫家，聚敛贡城阙。
圣人筐篚恩，实欲邦国活。
臣如忽至理，君岂弃此物。
多士盈朝廷，仁者宜战栗。
况闻内金盘，尽在卫霍室。
中堂舞神仙，烟雾散玉质。
煖客貂鼠裘，悲管逐清瑟。
劝客驼蹄羹，霜橙压香橘。
朱门酒肉臭，路有冻死骨。
荣枯咫尺异，惆怅难再述。
北辕就泾渭，官渡又改辙。
群冰从西下，极目高崒兀。
疑是崆峒来，恐触天柱折。
河梁幸未坼，枝撑声窸窣。
行旅相攀援，川广不可越。
老妻寄异县，十口隔风雪。
谁能久不顾，庶往共饥渴。
入门闻号咷，幼子饥已卒。
吾宁舍一哀，里巷亦呜咽。

所愧为人父，无食致夭折。
岂知秋禾登，贫窭有仓卒。
生常免租税，名不隶征伐。
抚迹犹酸辛，平人固骚屑。
默思失业徒，因念远戍卒。
忧端齐终南，澒洞不可掇。

——杜甫《自京赴奉先县咏怀五百字》

译文如下：在杜陵这个地方，有我这么个平民老百姓，年纪越大越蠢笨。对自己的那些要求，如今看来是多么不合时宜，曾经觉得自己可以像稷和契这两位古代贤臣一样建功立业。这样的想法非但难以实现，还落得个处处碰壁的下场。现如今我的头发已经花白，纵然如此，我也仍然心甘情愿辛苦到老。如果有一天我死了，躺在棺材里，这件事情就没法再提了，可是只要我还有一口气在，志向就不会改变。

一年到头，都在为老百姓发愁和叹息，每当想到他们的苦难，我就心急如焚。我的志向经常遭到同辈的冷嘲热讽，可越是如此，我越要把我的理想之歌唱得激昂高亢！我并不是没有过浪迹江海的打算，也曾想过去过那种无拘无束对着日月吟唱的日子，可是我生来有幸碰到了像尧舜一样圣明的君主，不忍心就这样离开他，自己去清闲逍遥。如今的朝堂之上，到处都是栋梁之材，要建造大厦，难道还会缺少我这样一个“废物”？可是连葵藿的叶子都知道永远朝着太阳的方向，我这忠君的本性，又怎能轻易改变！回头一想，那些蝼蚁一样的小人，整天阿谀奉承，不过是为了谋求一个享乐的小窝。我又何必还要羡慕那些可以在大海里自由驰骋的百里长鲸呢？从这些事情里面，我明白了做人的道理，唯独感到羞耻的是，我曾经放下自尊屈身巴结过一些权贵。时至今日，我仍然穷困潦倒，可我岂能忍受埋没在俗尘之中。没有像许由和巢父那样飘然世外，实在惭愧。虽然惭愧，可我也不愿意改变我的德行。还能有什么办法呢？只好喝上几杯酒来排解烦闷，作上几首诗来破除忧愤！

这一年又要过去了，草木都已经凋零，冬风怒吼，那高高的山脊仿佛都要被吹裂开来。天空乌云密布，寒气阴森，我这个孤零零的外乡人半夜时分离开了京城长安。为了把满身的霜雪打掉，不小心扯断了衣带，想再把它系上，手指头却都冻僵了。

天蒙蒙亮的时候，我走到了骊山脚下，皇上就在山上的行宫里。大雾弥漫，天地之间塞满了寒冷的空气，我的双脚踩在悬崖深谷的石头上滑溜不稳。骊山行宫中的温泉热气蒸腾，就像王母娘娘的瑶池仙境一般。宫外禁军密密麻麻，兵器相碰撞的声音切切不已。宫内的乐声响彻广阔无边的天宇，皇帝和大臣们纵情娱乐，享不尽的富贵荣华。

华清宫的温泉里，都是能够得到皇上恩赐的达官贵人，参加宴会的人也绝不会有一个布衣麻鞋的平民百姓。那些用来赏赐的绫罗绸缎，原本都是出自穷苦人家女子勤劳的双手，官吏们却鞭打着她们的家人，急于敛取赋税的官吏把她们所织的素帛奉献给朝廷。皇上再把这一筐一筐的金帛赏赐给喜欢的大臣们，心中期望这些人可以知恩图报，救国救民。做臣子的如果忽略了皇帝的一片苦心，那么当皇帝的岂不是等于白白扔掉了这些财物！朝廷里挤满了官吏，稍有良知的人，看到这些只求赏赐而不为皇上分忧的人，就应该提高警惕。况且我听说皇宫内的金盘宝器，都转移到国舅家的厅堂里去了。貌若天仙的美人儿在厅堂中表演舞蹈，玉体在轻烟般的罗衣下若隐若现，散发着芳香。供客人保暖的是貂鼠皮袄，供客人欣赏的是朱弦玉管，劝客人品尝的是驼蹄羹汤。宴会之后，又端来从遥远的南方运来的霜橙和香橘请客人品尝。那些高门大院里，富人家的酒肉多得吃不完都臭掉了；而高墙之外的路边，却横躺着因冻饿而死的尸骨。两者相隔不过几步，却是完全不同的苦乐世界，人间的不平之事让我悲愤填胸，说不出一句话来。

我向北走到靠近泾河和渭河的地方，走到了官家的渡口，发现已经无法渡过，只好改道前行。天气寒冷，河水中聚集到一起的冰块顺水自西而来，放眼望去，汇合在一起的冰块和水流浪涌如山。我怀疑这是崆峒山从水上漂来了，怕要把那撑着天空的柱子都撞断了啊！幸好河上的桥梁还没有被撞毁，桥柱子发出吱吱呀呀的响声，桥面也摇晃颠簸，摇摇欲坠。河面这么宽，谁又能飞过去？旅途中的人们只好挽着手过桥，顾不上危险。我的老婆和孩子寄居在奉先，无依无靠，这漫天的风雪，把一家人分隔两地。她们在那里受冻挨饿，我怎么能长时间不去看望和照顾她们呢？这一次探望，就是为了能和她们共渡难关。

刚走进院子，就听到哭声一片，原来是我的小儿子已经饿死了！我怎能压抑住内心的悲痛？邻居们也忍不住在那里低声哭泣。惭愧的是我这个做父亲的，竟然没本事养活自己的孩子！谁能料到今年的秋收还算不错，穷苦人家依然吃不饱饭。我好歹是个官儿，享受着不服兵役、不缴租税的特权，却仍然免不了这样悲惨的遭遇。那些平民百姓的日子，就更加辛酸难过了。想想那些失去了土地的农民，早已经倾家荡产；再想想在边关戍守的士兵，还不是缺衣少穿。忧国忧民的情绪啊，千重万叠，高过眼前的终南山，浩渺无迹，不可收敛！

这是一篇划时代的力作，深刻描写了安史之乱前期社会的真实情况，同时反映出杜甫内心的矛盾和他伟大的人格。杨伦在《杜诗镜铨》里所说："五古，前人多以质厚清远胜，少陵出而沉郁顿挫，每多大篇，遂为诗道中另辟一门径。无一语蹈袭汉魏，正深得其神理。此及《北征》，尤为集内大文章，见老杜平生大本领。所谓'巨刃摩天''乾坤雷硠'者，惟此种足以当之。半山、后山，尚未望见。"

又引张上若的话说："文之至者，止见精神，不见语言。此五百字真恳切到淋漓沉痛，俱是精神，何处见有语言？岂有唐诸家所能及！"

这篇文章可以作为杜甫在长安十年经历的总结，从中我们可以看出诗人无论在思想还是艺术上都已经达到时代的巅峰。这五百字有一股排山倒海的力量，波涛汹涌，势不可挡！

3

就在杜甫到奉先探望妻儿的时候，发生了一件影响整个大唐王朝的大事。平卢、范阳、河东三镇节度使安禄山诡称奉密诏讨伐杨国忠，在范阳起兵叛乱。而此时，消息尚未传到长安，唐玄宗还和他的爱妃们一起在骊山下的华清池大宴群臣，所谈的也并非国事，只是一些风花雪月罢了。

杜甫从奉先回到长安，一边做着他的右卫率府兵曹参军的小官，一边进行诗歌创作。在奉先，杨衍曾邀他到县衙叙旧，在破败的县衙里，他看到了时任丰县县尉的刘单新画的山水屏障，非常有感触，便写了一首《奉先刘少府新画山水障歌》。令他没想到的是，这首诗开创了题画诗体的先河，对后世影响颇大。

堂上不合生枫树，怪底江山起烟雾。
闻君扫却赤县图，乘兴遣画沧洲趣。
画师亦无数，好手不可遇。
对此融心神，知君重毫素。
岂但祁岳与郑虔，笔迹远过杨契丹。
得非悬圃裂，无乃潇湘翻。
悄然坐我天姥下，耳边已似闻清猿。
反思前夜风雨急，乃是蒲城鬼神入。
元气淋漓障犹湿，真宰上诉天应泣。
野亭春还杂花远，渔翁暝踏孤舟立。
沧浪水深青溟阔，欹岸侧岛秋毫末。
不见湘妃鼓瑟时，至今斑竹临江活。
刘侯天机精，爱画入骨髓。
自有两儿郎，挥洒亦莫比。
大儿聪明到，能添老树巅崖里。
小儿心孔开，貌得山僧及童子。
若耶溪，云门寺。
吾独胡为在泥滓？青鞋布袜从此始。

——杜甫《奉先刘少府新画山水障歌》

译文如下：厅堂之上原本不应该长出枫树来，更不可思议的是，竟然还出现了一片云雾缭绕的江河山岳！听说刘少府画好了一幅奉贤县山水的画，还在画兴正盛时在画上画出了隐士隐居的去处。天下的画师多得不计其数，可画技如此精湛的却是可遇而不可求。看着你这幅倾注了心神的佳作，就知道你非常重视书画艺术。世人只知道祁岳与郑虔的画技了得，却不知你的作品已经远远超过隋朝的大画家杨契丹。看这画面上，难道不是神仙所居住的悬圃山断裂了？画面的下方难道不是潇湘二水翻滚的波涛？我的心随着画卷来到了天姥山下，耳边依稀传来猿猴凄凉的啼叫声。仿佛又回到前天夜里的疾风苦雨中，这都是因为你的画过于逼真，以至于惊动鬼神进入了蒲城。屏风画中的自然世界生机盎然，笔墨饱满、酣畅淋漓，墨迹似乎还没有完全干透。这巧夺天工的佳作，连上天都感动得泪如雨下。山中的野亭旁，春风回归，种类繁多的野花一直连绵到遥远的地方。年长的渔翁踩着一叶扁舟，在暮色中眺望远方，仿佛在思考着什么。如沧海般宽阔的水面，透出青黑色，可见这里的水很深。曲斜的河岸和旁边的小岛都画得细致入微。湘妃鼓瑟虽已是过去的情景，但滴泪染就的斑竹到现在还是靠近江边生长。刘少府你绘画的天赋极高，爱画更是深入骨髓。包括你的两个儿子，挥毫泼墨也是常人难比。你的大儿子聪明极了，能在画中的高崖上填上一棵老树；你的小儿子也是心灵开悟，能在画中描绘出山僧和童子。观赏你这幅山水画，让我禁不住想起当年漫游吴越之时所见的清幽的若耶山。还有那远离红尘、风景秀美的云门寺，我为什么还要在这污浊的尘世中生活呢？从此，我要做一名隐士，青鞋布袜，平凡度日。

第八章
叛　乱

安禄山打过来了，只好带着妻儿逃难去了！听说新帝即位，又出来嘚瑟，终于落入了叛军的手中。

往者胡作逆，乾坤沸嗷嗷。
吾客左冯翊，尔家同遁逃。
争夺至徒步，块独委蓬蒿。
逗留热尔肠，十里却呼号。
自下所骑马，右持腰间刀。
左牵紫游缰，飞走使我高。
苟活到今日，寸心铭佩牢。
乱离又聚散，宿昔恨滔滔。
——节选自杜甫《送重表侄王砅评事使南海》

1

“故天将降大任于斯人也，必先苦其心志，劳其筋骨，饿其体肤，空乏其身。”由此可见，杜甫生来就承担了上天降下来的大任，这个大任就像一把命运的大锁，紧紧地锁住他的咽喉，让他不得喘息的机会。天宝十四年（755年）十一月，安禄山起兵叛乱，不到两个月的时间，便攻下了东都洛阳。天宝十五年（756年）正月，安禄山在洛阳称帝，国号燕。此时，安禄山的叛军在潼关遇阻，高仙芝和封常清有力固守，迫使叛军有了回撤的打算。可晚年的李隆基已经色迷心窍、利令智昏，竟听信谗言，相信两位驻守潼关的大将与叛军勾结，所以迟迟不与叛军正面交战，并将两人斩首示众。之后，他又派上了年纪的哥舒翰领军到潼关退敌。当时，杜甫的好友高适就在军中，杜甫对哥舒翰也非常信任，觉得他一定能够打退叛军，保得长安太平。但事实上，哥舒翰已经年迈力衰，患病多年；军中将领根本不买他的账，皇帝派来的监军终日与其他将领饮酒作乐，宿娼赌博，而士兵们连顿饱饭都吃不到。自叛军势如破竹占领洛阳，然后直逼潼关以来，长安城中已是混乱一片，许多人都收拾细软，向各处逃去，希望可以躲避战乱。杜甫也和妻儿一起搬到了白水，寄住在他的舅父崔顼的高斋中。此时，白水还是风平浪静，杜甫身居高斋之中，眼前依然是泉水叮咚，松影浮动。可他从好友那里了解到潼关的战况，心中依然充满了担忧。在他的眼睛里，山林之中似乎有杀气弥漫，水光中也隐藏着刀光剑影。在这种情况下，他写了一首《白水县崔少府十九翁高斋三十韵》叙述当时的情景。

客从南县来，浩荡无与适。
旅食白日长，况当朱炎赫。
高斋坐林杪，信宿游衍阒。
清晨陪跻攀，傲睨俯峭壁。
崇冈相枕带，旷野怀咫尺。
始知贤主人，赠此遣愁寂。
危阶根青冥，曾冰生淅沥。
上有无心云，下有欲落石。

泉声闻复急，动静随所击。
鸟呼藏其身，有似惧弹射。
吏隐道性情，兹焉其窟宅。
白水见舅氏，诸翁乃仙伯。
杖藜长松阴，作尉穷谷僻。
为我炊雕胡，逍遥展良觌。
坐久风颇愁，晚来山更碧。
相对十丈蛟，欻翻盘涡坼。
何得空里雷，殷殷寻地脉。
烟氛蔼崷崒，魍魉森惨戚。
昆仑崆峒颠，回首如不隔。
前轩颓反照，巉绝华岳赤。
兵气涨林峦，川光杂锋镝。
知是相公军，铁马云雾积。
玉觞淡无味，胡羯岂强敌。
长歌激屋梁，泪下流衽席。
人生半哀乐，天地有顺逆。
慨彼万国夫，休明备征狄。
猛将纷填委，庙谋蓄长策。
东郊何时开，带甲且来释。
欲告清宴罢，难拒幽明迫。
三叹酒食旁，何由似平昔。

——杜甫《白水县崔少府十九翁高斋三十韵》

诗中的南县，指的就是奉先，说明杜甫一家是从奉先来到白水，朱炎指的是夏天的太阳，说明当时正值盛夏时节。浩荡和旅食说明是逃难而来。“高斋坐林杪”后八句写远景开阔，得居高临下、咫尺千里之势。杜甫对舅父体贴入微的照顾非常感激。“危阶根青冥”八句，则写近景，上记所见，下记所闻。其中“危阶”二句说明高斋地势陡峭，下临无地，看起来台阶就像植根于青冥之上，风声淅沥，阴壑恍积层冰。“鸟呼”两句显示了避难人的惶恐不安。“吏隐道性情”后八句则称赞主人吏隐的高雅和款待的殷勤。“坐久风颇愁”后十句叙述了山中风雷变化的情形，同时流露出诗人乱离的心事，烽烟惨淡之中衬托出下段“前轩颓反照”十句。这十句说明站在高处看着潼关的方向，夕阳返照，映红了天际的层峦叠嶂，在触目可及的华山之下，就是哥舒翰重兵云集的潼关，诗人仿佛看到了山中的树林中散发着兵气，水色中也夹杂着刀光。“人生半哀乐”后十二句写了诗人内心的忧虑。当时驻守潼关的将领认为必须固守天险，才能保证这一战的胜利。可宰相杨国忠却一再催促打开关门主动出击。将相不和，潼关岌岌可危。由此可见，杜甫对时政非常关心，而且看问题也很深刻。

2

天宝十五年（756 年）六月九日，潼关失守，唐军二十万人全军溃败，长安附近的防御使大多逃跑了，白水县自然也成了沦陷区。杜甫真正踏上了流亡的道路。

忆昔避贼初，北走经险艰。
夜深彭衙道，月照白水山。
尽室久徒步，逢人多厚颜。
参差谷鸟吟，不见游子还。
痴女饥咬我，啼畏虎狼闻。
怀中掩其口，反侧声愈嗔。
小儿强解事，故索苦李餐。
一旬半雷雨，泥泞相牵攀。
既无御雨备，径滑衣又寒。

有时经契阔，竟日数里间。
野果充糇粮，卑枝成屋椽。
早行石上水，暮宿天边烟。
少留周家洼，欲出芦子关。
故人有孙宰，高义薄曾云。
延客已曛黑，张灯启重门。
暖汤濯我足，翦纸招我魂。
从此出妻孥，相视涕阑干。
众雏烂熳睡，唤起沾盘飧。
誓将与夫子，永结为弟昆。
遂空所坐堂，安居奉我欢。
谁肯艰难际，豁达露心肝。
别来岁月周，胡羯仍构患。
何当有翅翎，飞去堕尔前。

——杜甫《彭衙行》

要感谢杜甫是一个懂得感恩的人，他用诗歌的形式把他的见闻和对他有恩情的人和事都一一记录下来。通过这些记录，我们才可以了解诗人走过的足迹和他交往过的人群。这首诗写于至德二年（757 年），杜甫由凤翔到鄜州探家，再次路过去年逃难的地方，念及当日的艰难和好友孙宰的盛情接待，感谢之情由心而生，遂作此诗。也正因为有这首诗，我们才可以得知那个时代逃难时的详细场景。通过这些文字，我们可以看到杜甫这个伟大的诗人夹杂在流亡的人群中，承受着一切流亡者应有的命运，经历着一切流亡者都无法避免的颠沛。潼关这么快失守是出乎大多数人意料的事情，仓促之间，人人争先恐后。杜甫由于身体羸弱，行走了一段时间之后便疲惫不堪，深陷在蓬蒿丛里不能前进，而他的家人已经随着逃亡的人流继续向前走去。在这紧张的气氛下，与他们一起逃亡的表侄儿王砅已经行出了十里才发现，于是折回寻找，在杜甫最危急的时刻，他把自己的马让给了杜甫，一手持刀护身，一手牵着缰绳，帮助杜甫走出了险境。后来，他和妻儿会合，半夜的时候途经白水东北六十里的彭衙故城，清冷的月亮照耀着荒山，让整个荒山都显得阴森森的。小女儿在怀里饿得直哭。杜甫担心她的哭声引来虎狼，只好把孩子的嘴掩住。男孩饿得只能采摘路边苦涩的野果充饥。走着走着，风云突变，一场大雨毫无预兆地落下，原本难行的道路更加泥泞，没有遮雨的雨具，也没有粮食吃，只能在低垂的树枝下躲雨休整。就这样连续走了好几天，到了距离鄜州不远处的同家洼，他有个朋友孙宰住在这里。日下黄昏，杜甫一家拖儿带女敲开孙宰家门的时候，看到的是一幅温暖而亲切的场面。孙宰点着蜡烛热情地把他们迎进家门，还给他们准备了洗脚的热水，用来消除长途劳顿之后身上的乏累。孙宰的老婆也热情地迎接了杨氏。洗漱过后，热乎乎的餐食摆上了桌子，他们把已经睡着的孩子也叫了起来，吃了一顿饱饭。饱餐之后，孙宰更是要与杜甫结拜为兄弟，还把堂屋腾出来给他们住。在这种艰苦的岁月里，杜甫能遇到一个肝胆相照的朋友，真是一件幸运的事情。杜甫一家人在孙宰家里小住几天，便带着家眷经过华原、三川到达鄜州。雨淅淅沥沥地下了十几天，鄜州附近山洪暴发，淹没了很多土地。在兵荒和水灾面前，诗人显得多么无力。他在鄜州南的羌村找到了一个落脚之处，把家安顿在了那里。逃难的路上哭声不断，可怜的百姓每时每刻都面临着饿死、累死、病死的威胁，这让杜甫心如刀绞。如何帮助这些可怜的百姓、如何恢复大唐的盛世局面，成了他安顿下来之后心中所念之事。

3

六月二十日夜晚，大概在杜甫一家安顿下来的几天前，李隆基带着他的爱妃爱相，偷偷溜出了长安，准备逃往西蜀。整个长安城的百姓都被蒙在鼓里。要知道这些天，一直流传着皇上要御驾亲征的消息，城里的许多百姓都期盼着这一战可以击溃叛军，甚至有很多百姓已经摩拳擦掌，准备好了锄具扁担，打算与皇上共同抗敌。玄宗这一逃走，立刻让城中百姓陷入了水深火热之中。

七月十四日，玄宗一行来到了马嵬驿，随性的将士们又累又饿，心中都充满了愤恨。龙武大将军陈玄礼告诉士兵们，这天下大乱都是杨国忠一手造成的。士兵们大多出身平民百姓，对杨国忠本身就心存怨恨，于是大家一合计，决定除掉他。他们让宦官李国辅转告太子李亨，希望得到太子的支持，可李亨却慑于父亲的威严，犹豫不决。这个时候，碰巧有几个吐蕃的使者围着杨国忠讨要吃的，一个机灵的士兵喊了一声："杨国忠与胡人谋反了！"士兵们便一拥而上，杀死了杨国忠。有了血腥的刺激，士兵们又杀了杨国忠的儿子户部侍郎杨暄与韩国夫人、秦国夫人。御史大夫魏方进阻拦说："你们胆大妄为，竟敢谋害宰相！"士兵们又把他杀了。紧接着，士兵包围了驿馆，要求处死杨贵妃。唐玄宗被逼无奈，命令高力士把贵妃勒死在驿馆的佛堂内。然后，他们把尸体抬到了驿馆的庭院中，陈玄礼等看到了尸体，都脱去甲胄，磕头谢罪，玄宗只得安抚他们。从长安逃出来之前，玄宗本打算传位给太子，可马嵬坡这次兵变，他认为太子李亨是幕后的主谋，这让玄宗大为恼火，父子之间产生了间隙。玄宗与李亨最终在马嵬驿分道扬镳，玄宗继续向南逃往四川；李亨则带着一些随从向北而行，一路收拾残兵败将，声势也越来越大。等到了灵武，李亨便自行宣布继承帝位，是为唐肃宗，改元至德，尊称玄宗为太上皇。

身在羌村的杜甫听到太子继位的消息，宛若在混沌中见得一点亮光。他决定北上延州，走出芦子关，投奔肃宗。他本是满怀信心上路，可没想到的是尚未走出鄜州，便被叛军俘获，送到了已经沦陷的长安。

可能因为杜甫只是个不入流的八品小官，长安的叛军中大多是胡人，并不知道杜甫的名气，所以没太注意到他。四十五岁的杜甫满头白发，身形消瘦，看起来宛若一个年迈体弱的老人，因而也没有像其他俘虏一样被虐待殴打，更没有跟着其他官吏被送到洛阳去劝降。他也有意识地隐蔽自己的身份，放松了敌人的警惕，保全了自己的气节。

从叛军攻入长安到杜甫被捉回长安，不过两三个月的光景，这座当时全世界规模最大、建筑最宏伟、人口最多、物产最富饶的城市便已经被破坏得七零八落。皇族高官的府邸有的被焚烧，有的被胡人占领，还没来得及逃走的官员们的妻妾家眷大多被处死，连嗷嗷待哺的小儿也不能幸免，大街上到处是血流的痕迹。有一些侥幸躲过一劫的王孙贵胄，偷偷隐藏在荆棘丛里，换上破烂的衣服，再也不敢想象过去的生活。叛军将搜刮来的金银财宝一批批运走。大多数的达官贵人要么随着皇帝逃走了，要么被抓去洛阳。只有长安的老百姓终日过着朝不保夕、战战兢兢的生活。杜甫在长安目睹了这一切，有感而发，写了一首《哀王孙》，记录当时看到的场景。

长安城头头白乌，夜飞延秋门上呼。
又向人家啄大屋，屋底达官走避胡。
金鞭断折九马死，骨肉不得同驰驱。
腰下宝玦青珊瑚，可怜王孙泣路隅。
问之不肯道姓名，但道困苦乞为奴。
已经百日窜荆棘，身上无有完肌肤。
高帝子孙尽隆准，龙种自与常人殊。
豺狼在邑龙在野，王孙善保千金躯。
不敢长语临交衢，且为王孙立斯须。
昨夜东风吹血腥，东来橐驼满旧都。
朔方健儿好身手，昔何勇锐今何愚。
窃闻天子已传位，圣德北服南单于。
花门剺面请雪耻，慎勿出口他人狙。
哀哉王孙慎勿疏，五陵佳气无时无。

——杜甫《哀王孙》

译文如下：在长安城的城楼上，伫立着一只白头乌鸦，在夜幕降临的时候，还在延秋门上哇哇乱叫。这只奇怪的鸟，又向大官邸宅啄个不停，吓得这些贵人们逃离了长安。玄宗皇帝匆匆出走，累死了九匹骏马，连金鞭都打断了。皇亲国戚们来不及和他一起驱驾。有个腰间挂满珠宝珊瑚的皇室子弟，在路边放声痛哭，连嗓子都哭哑了，别人怎么问，他都不肯说出自己的名字，只是说自己生活困苦，希望别人可以收留他做个奴仆。他在荆棘丛里躲藏了一百天，身上到处都是伤痕。凡是皇家的子弟，大多数都是鼻梁高直，龙子和凡人相比，自然气度是不同的。豺狼在都城称帝，真正的龙子却在荒野落难。可怜的王孙啊，你一定要保重自己的身体，在交叉的路口，不敢与你多说话，只能稍微站立片刻，跟你交代几句重要的话。昨天晚上，东风吹来了一阵血腥味，长安城的东边，来了很多骆驼和车马。北方的军队，一直都是作战的好手，不知道为什么他们没有了往日的凶猛，被打得落花流水。我听说皇上已经传位给太子，南单于也派遣使者来拜服。将士们个个以利刃割面，请求在战场上一雪前耻。你要守口如瓶，保护好自己，防止被暗探们发现。多么可怜的王孙啊，你千万不要麻痹大意。五陵之气郁郁葱葱，大唐中兴很有希望啊！

这首诗词色古泽，气魄宏大。写景抒情，皆诗人所目睹耳闻、亲身感受，因而情真意切。写同情处见其神，写对话处见其情，写议论处见其真，写希望处见其切。诗人身处乱城之中，每日生活在生死之间，尚能创作出如此佳作，可敬可叹。

4

杜甫在长安深陷虎狼之穴，除了忧国忧民，最思念的还是处在羌村的妻子。他被抓之时，鄜州已经沦陷，传说叛军见人就杀，甚至连鸡狗都不放过，自己甚至无法知晓家人是否还活着。在一个月朗星稀的晚上，杜甫望着天空的明月，与妻子在一起时的美好时光一幕幕浮现在脑海里，他思念着妻子的容颜，在这个破碎的城市里，写了一首很美的诗。

今夜鄜州月，闺中只独看。
遥怜小儿女，未解忆长安。
香雾云鬟湿，清辉玉臂寒。
何时倚虚幌，双照泪痕干。

——杜甫《月夜》

这首诗在本书中已经是第二次出现。诗人的写法很独特，他从妻子的角度来写，想象着在同样的夜晚，身处鄜州的妻子非常思念她的丈夫，所以独自坐在窗前看着天空的月亮。身边的儿女年龄尚幼，不能理解母亲为什么看着月亮流泪。月光下的妻子如嫦娥一般美丽。什么时候我们两个才能面对面坐着，靠在床帐之上，对面流泪，相互倾诉离别之后的思念之苦。这首诗写在离乱之际，却冠以《月夜》这么一个浪漫的名字，反而让人更觉离乱之苦。

在艰难的岁月里，时间过得总是很慢，离家越久，杜甫对家人的思念就越强烈。在苦苦思念的煎熬中，大地回春，杜甫的一首《一百五日夜对月》可以看作是《月夜》的续篇。

无家对寒食，有泪如金波。
斫却月中桂，清光应更多。
仳离放红蕊，想像嚬青蛾。
牛女漫愁思，秋期犹渡河。

——杜甫《一百五日夜对月》

从冬至到寒食有一百零五日。这首诗写在寒食节的夜晚，杜甫孤苦一人在虎狼堆里，怀念亲人，热泪像流水一样奔涌而出。他想着如果能把月宫中的桂树砍掉，月色可能就会更加皎洁。诗人借着月光向家人传递更多的思念。为什么月亮总会在人离别的时候散发银晖，可能在同一片月光下妻子能够感受到他的思念而蹙眉吧。牛郎和织女每年七夕的时候还可以相聚一日，可是他还能不能再与妻子相会都不知道。

这一时期，还有一首人人都熟悉的诗，充分表达了杜甫在那个特殊的时间和特殊的地点所具有的心境。

国破山河在，城春草木深。
感时花溅泪，恨别鸟惊心。
烽火连三月，家书抵万金。
白头搔更短，浑欲不胜簪。

——杜甫《春望》

译文如下：大唐虽然山河犹在，可国家已经破亡；长安城的春天犹在，可都城已经荒芜。诗人每天处在惊慌的情绪里，所以看到花朵上的露珠就感觉是花在流泪，看到鸟在枝头就感觉鸟也处在惊恐之中。连续三个月没有一点家人的消息，他发愁得不知道怎么办才好，连白头发都快挠光了。安史之乱的过程史书上有详细记载，可杜甫的诗歌却为后人提供了一段关于这段苦难的感性认识。作为这段历史的经历者，杜甫无论是情感的变化、情绪的变化还是思想的变化，都为后人认识这段历史提供了珍贵的素材。

至德二年（757 年）正月，安禄山被他的儿子与人合谋害死；二月，唐肃宗从彭原南迁到凤翔。这两件事让整个局势有了一些改变，一些陷落长安的官员想方设法逃回了长安，一些被困的人又偷偷逃往凤翔。当时杜甫也在计划到凤翔去投奔肃宗，不料好友郑虔从洛阳回来了。杜甫的这位好友在洛阳被叛贼任命为水部郎中后一直称病不去就职，找了一个机会偷偷溜回了长安。两人在郑虔侄子的池台中相聚，可以想象当时的场景是多么悲喜交加。在春夜里，两个人饮酒舞蹈，但是心中的感觉已经与三年前的情况大不相同，正所谓“留连春夜舞，泪落强裴回”（节选自《郑附马池台喜遇郑广文同饮》）。最终杜甫还是逃出了长安，这归功于大云经寺的僧人赞公对他的帮助。赞公和尚是他被抓回长安的这一年中结识的好友，在这一年里，给了杜甫很多接济。在赞公的安排下，四月的一天，杜甫从城西的金光门逃出了长安，直奔凤翔。这次逃脱，可以说是兵行险着，因为当时正有一股叛军在城西与郭子仪率领的唐军对峙。也多亏了长安城外草木深，才让杜甫潜行其中，沿着无人行走的小路，偷偷穿行。就这样提心吊胆地走到了武功，看到了太白山上的积雪，才得以长出一口气。他把当时的心路历程写在了这样的诗句里：“生还今日事，间道暂时人。”又说：“死去凭谁报？归来始自怜。”

千辛万苦到达凤翔的时候，已经是衣袖残破，双肘外露，脚上的草鞋也磨得不成样子。他就这样一副形象，拜见了肃宗。

第九章
史　诗

冒死投奔，被任命为从八品“大员”，才上任三个多月，就被老板给放了探亲长假。

愁思胡笳夕，凄凉汉苑春。
生还今日事，间道暂时人。
司隶章初睹，南阳气已新。
喜心翻倒极，呜咽泪沾巾。
——杜甫《自京窜至凤翔喜达行在所三首》（其二）

引　言

至德二年（757 年）四月，杜甫冒着生命危险逃出长安，到凤翔后一身破烂地见到了肃宗。我们可以想象一下当时的场景：杜甫蓬头垢面，衣衫褴褛，穿着一双露脚指头的破草鞋恭敬地跪在肃宗面前，眼泪一把鼻涕一把地倾诉这一年来的遭遇，表达对皇帝的衷心；肃宗虽然听多了这样的故事，也还是耐心地听完了杜甫的倾诉，然后派人将杜甫好好安顿。一个月后，肃宗派中书侍郎张镐传召：襄阳杜甫，尔之才德，朕深知之。今特命为宣义郎，行在左拾遗。授职之后，宜勤是职，毋怠！左拾遗是一个“从八品”的官职，主要职责是供奉皇帝，看到皇帝下达的指令有不便于时、不合于理的，就提出意见，同时还具有推荐贤良的责任和权力。从职责上来看，这是一个相当重要的位置，可品级才“从八品”，这就有些耐人寻味了。但不管怎么说，杜甫虽然对这个品级不是很满意，但是对这个职位还是很看重的，这似乎距离他的理想更近了一些。这从杜甫授职之后所作的一首《述怀》可以看出。

去年潼关破，妻子隔绝久。
今夏草木长，脱身得西走。
麻鞋见天子，衣袖露两肘。
朝廷愍生还，亲故伤老丑。
涕泪授拾遗，流离主恩厚。
柴门虽得去，未忍即开口。
寄书问三川，不知家在否。
比闻同罹祸，杀戮到鸡狗。
山中漏茅屋，谁复依户牖。
摧颓苍松根，地冷骨未朽。
几人全性命，尽室岂相偶。
嵚岑猛虎场，郁结回我首。
自寄一封书，今已十月后。
反畏消息来，寸心亦何有。
汉运初中兴，生平老耽酒。
沉思欢会处，恐作穷独叟。

——杜甫《述怀》

译文如下：自去年叛军攻破了潼关，我和妻子已经有很长时间没有见面了。多亏了今年夏天草木丛生，我借着草木的掩护，才得以逃离敌巢向西奔走。我穿着草鞋去拜见天子，破旧的衣袖连双肘都遮挡不住。连皇帝都为我能活着逃出长安唏嘘，其他人也可怜我这丑老头。我含着泪水接受了左拾遗的职位，流离的人真心感恩皇上的厚爱。虽然我有家门可以回去，我却不好意思立即开口告假。寄出了一封书信到家探问，不知道我的妻儿还在不在人世间。听说长安周围都遭受了祸灾，那里被反贼杀得鸡犬不留。山中的茅屋恐怕早就已经破漏，如今有谁依靠在寂寞的窗口。苍松的树根毁断在地上，山地寒冷，尸骨都还没有腐朽。如今还有多少人能保全性命？哪里还有夫妻双全的人家？想到那里已经成了豺狼虎豹出没的场所，我就忧心百结，忍不住老是回头远望。自从去年寄出一封书信后，至今已有十月之久。现在的我反而害怕有消息传来，要是报的是凶讯，我这颗小小的心脏怎么能够受得了！如今大唐的国运开始中兴，老了之后的我比平时更喜欢喝酒了。我老是在想，要是这时候能全家团圆，那该有多好。只怕事与愿违，我恐怕要落得个孤穷老叟的悲惨下场了。

这首诗抒发了诗人对妻子深切的思念和担忧，同时也表现出他时时刻刻都在关心着国家和人民。诗人在诗中，根据自己的所见所闻，运用丰富的想象，生动具体地描绘出了心中的担忧和惊恐，以及对家人的思念和担忧，全诗娓娓道来，感人至深。

1

杜甫虽然一心为官，但其实并没有做过什么官，更没有在皇帝身边做事的经历，从本质上来说，他只是一个带有理想主义情怀的文人。在左拾遗的位置上，他投入了极大的热情，这从他当时写的一些送别诗中可以看得出来。在《送樊二十三侍御赴汉中判官》中写道：

威弧不能弦，自尔无宁岁。
川谷血横流，豺狼沸相噬。

天子从北来，长驱振凋敝。
顿兵岐梁下，却跨沙漠裔。
二京陷未收，四极我得制。
萧索汉水清，缅通淮湖税。
使者纷星散，王纲尚旒缀。
南伯从事贤，君行立谈际。
生知七曜历，手画三军势。
冰雪净聪明，雷霆走精锐。
幕府辍谏官，朝廷无此例。
至尊方旰食，仗尔布嘉惠。
补阙暮征入，柱史晨征憩。
正当艰难时，实藉长久计。
回风吹独树，白日照执袂。
恸哭苍烟根，山门万重闭。
居人莽牢落，游子方迢递。
裴回悲生离，局促老一世。
陶唐歌遗民，后汉更列帝。
恨无匡复姿，聊欲从此逝。

——杜甫《送樊二十三侍御赴汉中判官》

诗的前四句说玄宗不能早除掉安禄山，导致天下大乱，血流成河，豺狼当道。“天子从北来”后六句说肃宗皇帝从北方归来，回纥才答应出兵相助。虽然长安和洛阳还没有收复，但是其他的地方还是大唐的管制。后面的部分则借古喻今，鼓励和赞美樊二十三人品的高洁和职位的重要。从诗中不难看出，杜甫是一个对时势一直保持着密切的关注、对国运有着无限关怀的人。这似乎是一件好事，但别忘记了，他只是一个八品的小官，当他关注的事情与他的身份不匹配的时候，往往会做出一些“不合时宜”的事情。正是因为他刚正的性格，在他刚刚被授职不久之后，便卷入一场政治纷争。这场纷争甚至影响了他后半生的生活。

这件事情从表面上看是这样的：至德元年（756 年）十月，宰相房琯与叛军大战于陈陶、青坂，战败了。御史大夫贺兰进明参了房琯一本，说他对肃宗不忠，又诬告宰相的门客董庭兰受贿，肃宗便罢免了房琯宰相的职务，贬为太子少师。杜甫与房琯原本就是旧识，他只看到房琯在年轻的时候享有盛名，晚年的时候成为“醇儒”，每每谈起国家所面临的灾难，都义形于色、悲痛难当，便觉得房琯是一个正直的、有抱负的、希望收复两京的宰相。更何况，那些诋毁房琯的人行径更加卑劣。于是，他便开始执行左拾遗的职责，不顾生死地上书援救房琯。他希望肃宗能够“弃细录大”，不要以“细罪”“免大臣”。廷诤时也是态度坚决，直言刺骨，惹得肃宗大怒，命令三司审讯杜甫。多亏有宰相张镐和御史大夫韦陟出面保释，杜甫才得以免于刑罚。张镐上奏说：“如果因为这件事情把杜甫给问罪了，那么以后就没有人给你提意见了。”韦陟也上奏说：“杜甫虽然言语狂妄，却不失为一个谏官应有的勇气。”肃宗虽心中很恼火，但由于当时正是国难当头，急需用人，只得忍下这口气，让杜甫仍任原职。实际上，这件事情并非表面看起来这么简单。房琯本来就是唐玄宗的旧臣，又是当朝名仕，他来肃宗这里本来就是给玄宗送传位诏书的，来了之后才被肃宗留下担任了宰相。所以，这件事实际上是新旧两任皇帝之间的矛盾之争，凡是能够认识到这一点的人，根本不会参与其中。显然，杜甫是没有这样的政治智慧的。

2

果然，在随后短短两三个月里，杜甫心心念念都是两京沦陷、人民痛苦的事情，他又不肯妥协，非常较真，这让唐肃宗极其不舒服。于是在八月里给他放了一个长假，让他回家探访妻儿。这在他的政治生涯上无疑是一个失败，但也给了他一个可以回家的机会。对于日夜思念妻儿的杜甫来说，倒也不是难以接受的事情。

这年又是一场苦雨，一直下到闰八月初一才歇，归心似箭的杜甫决定在这一天启程。当时凤翔的官员们都很艰苦，小官杜甫更是连身官服都没有，穿着一身青袍往北走去。凤翔距离鄜州有六百多里地，再加上雨后道路泥泞，杜甫走得非常艰难。当他途经邠州的时候，已经累得一点力气也没有了，他突然想起以养马闻名的李嗣业正镇守在这里，便写诗一首，希望能够借一匹马代步。

明公壮年值时危，经济实藉英雄姿。
国之社稷今若是，武定祸乱非公谁。
凤翔千官且饱饭，衣马不复能轻肥。
青袍朝士最困者，白头拾遗徒步归。
人生交契无老少，论交何必先同调。
妻子山中哭向天，须公枥上追风骠。

——杜甫《徒步归行》

这首诗其实相当于借马的借条，自然不好高谈阔论什么军国大事，反而写得极富生活气息。他告诉李嗣业凤翔那个小地方，由于皇上的到来，成了临时的政府所在地，聚集了数以千计的官员。虽然经过汉中能有一些补给，但官员们的生活还是很清苦，每天只能吃一顿饱饭。我这个白发苍苍仅能穿青袍的左拾遗，情况就更惨了。如今回家探亲，路程这么远，没有马，不得不步行。想起远方的妻儿困守在山中，每天以泪洗面，我就归心似箭。我迫切地请求您能把您枥上的黄骠马借给我，让我可以早点归家。李嗣业看到同朝为官的杜甫的惨状，念其思乡情切，竟然真的借了马给他。要知道当时所有的马匹都属于战略物资，这样的调派其实是要承担一些责任的。

有了马的杜甫再往前走便轻松了很多。他看到山路边新开的秋菊，看到野地里结着各种颜色的野果，看到自然界里的草木经过雨露的滋润都可以开花结果，而自己已经四十六岁了，距离理想还是遥遥无期，禁不住长叹一声！晚霞绯红，一群不知名的鸟儿从眼前飞过，杜甫收回思绪，猛地一抖缰绳，骑着马向着远方飞奔而去。

到达羌村的时候，正是一个傍晚。与分离了一年的妻儿相见，自是有一番激动。《羌村三首》就是杜甫刚刚到家的几天与妻子和儿女欢聚的最感人的艺术写照。

峥嵘赤云西，日脚下平地。
柴门鸟雀噪，归客千里至。
妻孥怪我在，惊定还拭泪。
世乱遭飘荡，生还偶然遂。
邻人满墙头，感叹亦歔欷。
夜阑更秉烛，相对如梦寐。

——杜甫《羌村三首》（其一）

译文如下：西天红云高耸，云罅里透出的阳光斜射在地面上。柴门上的鸟雀似乎知道远方的人要归来，在那里叫个不停。我千里跋涉回到家里，妻子和孩子都没有想到我还活在这人世间，愣了好大一会儿才喜极而泣。在这兵荒马乱、虎狼当道的乱世里，能够活着回来确实是太难得了。邻居们闻讯赶来，围在墙头上往里面看，没有不感慨叹息的。夜已经很深了，微弱的烛光下，我们夫妻两人就这样面对面坐着，你看着我，我看着你，仿佛在梦中一样。王尊岩评价这首诗的时候说：“一字一句，镂出肺肠，才人莫知措手；而婉转周至，跃然目前，又若寻常人所欲道者。”这种“寻常人所欲道”而终使“才人莫知措手”的叙事白描手段，展示了诗人极高的艺术造诣，也是杜诗超越前人的突出表现之一。

晚岁迫偷生，还家少欢趣。
娇儿不离膝，畏我复却去。

忆昔好追凉，故绕池边树。

萧萧北风劲，抚事煎百虑。

赖知禾黍收，已觉糟床注。

如今足斟酌，且用慰迟暮。

——杜甫《羌村三首》（其二）

译文如下：人到了晚年，感觉就是在苟且偷生。如今身处乱世之中，只能日日郁郁寡欢。小儿女们见我归来，都围绕在我的膝盖旁紧紧相依，可看到我脸上露出不高兴的神情，又害怕地走开了。想起当年最喜欢到屋旁池塘边的树荫下纳凉，甚是快意，就想再去走走，排解一下心中的忧虑。哪知道北风萧萧，前尘如梦，反而平添了一些烦恼。好在今年秋天的收成还不错，新酿的家酒虽未出糟，但已感到醇香美酒正从糟床汩汩渗出。现在这些酒已足够喝了，姑且用它来麻醉一下自己吧。古人云：何以解忧，唯有杜康！这首诗的主旨只有一个“忧”字，忧的对象无非是国家和人民。杜甫借酒浇愁，聊以宽解心中的忧虑，细细品来，恐怕与他出任左拾遗以来在凤翔的所知、所见、所感、所遇不无关系。通过身边的琐事和心理活动便活生生地呈现出一个忧心忡忡的左拾遗来，在艺术上也自有一种特色。

群鸡正乱叫，客至鸡斗争。

驱鸡上树木，始闻叩柴荆。

父老四五人，问我久远行。

手中各有携，倾榼浊复清。

莫辞酒味薄，黍地无人耕。

兵戈既未息，儿童尽东征。

请为父老歌，艰难愧深情。

歌罢仰天叹，四座泪纵横。

——杜甫《羌村三首》（其三）

译文如下：成群的鸡正在院子里乱叫，客人来的时候鸡又争又斗。把鸡赶到了树上，这才听到有人在敲柴门。四五位村中的年长者，来慰问我这个由远方归来的人。手里都带着礼物，倒上一杯杯的浊酒和清酒，一再解释说："酒味之所以这么淡薄，是因为田地没人去耕耘。战争尚未停息，孩儿全都东征去了。"请让我为父老歌唱，在艰难的日子里，感谢父老携酒慰问的深情。吟唱完毕，我不禁仰天长叹，在座的客人也都热泪盈眶，悲伤之至。

从这首诗中，我们可以感受到一种悲怆，四座皆垂之泪是天下黎民苍生之泪，是悲悼国破家亡之泪。这组诗中潜藏着的情感暗流在结尾处，如破堤之水奔涌而出，将悲怆之情推至最高点，表现出强烈的艺术感染力。

3

写完《羌村三首》之后不久，杜甫又创作了《北征》这首足以与《自京赴奉先县咏怀五百字》媲美的长篇叙事、抒怀诗。

皇帝二载秋，闰八月初吉。
杜子将北征，苍茫问家室。
维时遭艰虞，朝野少暇日。
顾惭恩私被，诏许归蓬荜。
拜辞诣阙下，怵惕久未出。
虽乏谏诤姿，恐君有遗失。
君诚中兴主，经纬固密勿。
东胡反未已，臣甫愤所切。
挥涕恋行在，道途犹恍惚。
乾坤含疮痍，忧虞何时毕。
靡靡逾阡陌，人烟眇萧瑟。

所遇多被伤，呻吟更流血。
回首凤翔县，旌旗晚明灭。
前登寒山重，屡得饮马窟。
邠郊入地底，泾水中荡潏。
猛虎立我前，苍崖吼时裂。
菊垂今秋花，石戴古车辙。
青云动高兴，幽事亦可悦。
山果多琐细，罗生杂橡栗。
或红如丹砂，或黑如点漆。
雨露之所濡，甘苦齐结实。
缅思桃源内，益叹身世拙。
坡陀望鄜畤，岩谷互出没。
我行已水滨，我仆犹木末。
鸱鸟鸣黄桑，野鼠拱乱穴。
夜深经战场，寒月照白骨。
潼关百万师，往者散何卒。
遂令半秦民，残害为异物。
况我堕胡尘，及归尽华发。
经年至茅屋，妻子衣百结。
恸哭松声回，悲泉共幽咽。
平生所娇儿，颜色白胜雪。
见耶背面啼，垢腻脚不袜。
床前两小女，补绽才过膝。
海图坼波涛，旧绣移曲折。
天吴及紫凤，颠倒在裋褐。
老夫情怀恶，呕泄卧数日。
那无囊中帛，救汝寒凛栗。
粉黛亦解苞，衾裯稍罗列。

瘦妻面复光，痴女头自栉。
学母无不为，晓妆随手抹。
移时施朱铅，狼藉画眉阔。
生还对童稚，似欲忘饥渴。
问事竞挽须，谁能即嗔喝。
翻思在贼愁，甘受杂乱聒。
新归且慰意，生理焉能说。
至尊尚蒙尘，几日休练卒。
仰观天色改，坐觉妖气豁。
阴风西北来，惨淡随回鹘。
其王愿助顺，其俗善驰突。
送兵五千人，驱马一万匹。
此辈少为贵，四方服勇决。
所用皆鹰腾，破敌过箭疾。
圣心颇虚伫，时议气欲夺。
伊洛指掌收，西京不足拔。
官军请深入，蓄锐何俱发。
此举开青徐，旋瞻略恒碣。
昊天积霜露，正气有肃杀。
祸转亡胡岁，势成擒胡月。
胡命其能久，皇纲未宜绝。
忆昨狼狈初，事与古先别。
奸臣竟菹醢，同恶随荡析。
不闻夏殷衰，中自诛褒妲。
周汉获再兴，宣光果明哲。
桓桓陈将军，仗钺奋忠烈。
微尔人尽非，于今国犹活。
凄凉大同殿，寂寞白兽闼。

都人望翠华，佳气向金阙。
园陵固有神，扫洒数不缺。
煌煌太宗业，树立甚宏达。

——杜甫《北征》

译文如下：肃宗至德二年（757 年），闰月八月初一那天，我杜甫将要向北归家探亲，战乱纷纷，也不知道家中的情况如何。如今世事艰难，朝野内外都很忙碌，没有什么空闲的时间。让我觉得惭愧的是，只有我一个人得到皇帝的恩宠，特意下诏准许我回家探亲。我怀着惴惴不安的心情到朝廷拜辞。我这个人身上缺乏敢于谏诤的气魄，可总是担心皇上思虑有所疏失。当今皇上担负着中兴国家的重任，筹划国家大事谨慎而努力。安史之乱到今天还没有平息，这让皇上和臣子们都感到万分愤恨。今天，我虽然要暂时挥泪告别，可我的心里依然挂念着凤翔行宫，走在路上，我仍然精神恍惚，放心不下。如今山河破碎，天下大乱，也不知道我心中的忧患何时才能结束。我拖拖拉拉地走过田间的小路，这里一片萧条，荒无人烟。路上的行人，大多都带着伤痛，发出痛苦的呻吟，有的伤口还在流血。

回首远眺凤翔，在这傍晚时分，朝廷的旗帜似乎还忽隐忽现。向前翻过一道道寒山，时不时就能看到战士喂马和饮水的水洼。走到邠州城的郊外，这里地势低凹，就好像走入了地底。邠郊的泾水波涛汹涌，就像一头猛虎踞于眼前，虎啸之声震动山谷，悬崖仿佛都要崩裂开来。秋天的路边开满了野菊花，石道上的痕迹是古代的车辙。远处的青云激起我的兴致，退隐山林的生活也很愉悦。山林间细小的野果散乱地挂在枝头，到处混杂着橡树和山栗子，红色的像朱砂，黑色的像点点的生漆。它们都能得到雨露的滋润，不论是苦的还是甜的，都能够结出果实。遥想那世外桃源，更加觉得现实生活实在是太苦了。我站在山坡上遥望鄜州，山谷与山崖交相出没。然后，我来到水边，跟随我的人还落后在坡上。鸟儿在树枝上鸣叫，一群野鼠胡乱挖着洞穴。夜深时分，我穿过战场，阴冷的月光照着森森白骨，让我不由得回想起镇守潼关的百万大军，为什么溃败得那么快？这让关中的百姓损失惨重。我曾经被叛军抓进长安，如今回来的时候，头发都已经花白。一年多后，再次回到这茅屋，看到妻子和孩子们身上穿着零头布缝补的衣服，伤心得在松林中痛哭起来。松林中的泉水也好像和我一起呜咽，平添了几分悲伤。最疼爱的小儿子，脸色比雪还苍白，看到我这个父亲后，吓得转过身去啼哭起来，身上满是污垢，赤裸的脚上连双袜子都没有。床前的两个小女儿，旧衣服缝缝补补，刚刚盖过膝盖。原本绣着海上景观的幛子也破了，因为缝补得太多而显得七弯八折的。原本绣在幛子上的天吴和紫凤，已经被缝在了妻儿的旧衣服上面。我一路归心似箭，着急赶路，身体有些吃不消，上吐下泻躺了好几天。可惜行囊中并没有多少财物，能够改变家庭贫寒的状况。打开行囊，取出带回来的粉黛、被褥和床帐。用了些脂粉后，妻子的脸上恢复了光彩。小女儿自己梳理着头发，学着她母亲摆弄脂粉，胡乱地涂抹，把脸上抹得乱七八糟，眉毛也画得又粗又长。

我这次能够活着回来见到孩子们，高兴得连饥饿都忘记了。他们围着我问东问西，还竞相扯我的胡须。此时此刻，谁忍心责怪呵斥他们呢？想起被困在长安的那段时光，我真的心甘情愿被他们吵闹。回到家了要宽慰妻子的心情，哪里还顾得上谈论家里的生计问题？皇上还在京城之外流亡，不知何时可以停止训练兵卒。抬头观看天象，妖气正在消退。西北方向的阴风吹来，据说回纥的怀仁可汗愿意帮助大唐。回纥士兵的特性是善于驰骋冲击。这次他们送来了五千个勇猛的战士，还带来了一万匹战马。这些人马还是少用为妙。四方的民族都知道，回纥的士兵骁勇善战，他们勇猛迅捷，就像鹰隼一般，破敌的速度比射箭还要快！皇上是真心期待回纥的帮助，可是有很多大臣对借兵的事情感到担心，却不敢反对。根据战局判断，伊水、洛水一带应该很快就能收复，长安也指日可待。大唐的将士们养精蓄锐，如果和回纥士兵一起出击，定能迅速收复被占领的地区。这样一来，全面反攻就可以收复青州和徐州，然后是恒山和碣石山。秋天多霜露，大唐士兵的肃杀之气正浓，亡命的胡人已经面临灭顶之灾，消灭叛军的大势已成。胡人失败的命运已经注定，大唐的基业绝不会因为这次祸乱而断绝。

追忆天宝十五年（756年）六月，玄宗皇帝奔蜀，走得很慌张，又发生了马嵬兵谏之事。大唐一时陷入狼狈不堪的境地，但如今毕竟不同于那个年代，奸臣杨国忠被诛杀了，与他一起作恶的人也被清除干净。玄宗皇帝虽为杨氏兄妹所惑，但还没有像夏、商、周三朝的末代君主那样弄得不可收拾。周朝和汉朝能够再度中兴，靠的是周宣王和汉武帝那样的明君。如今还有勇武无双的陈将军，如果不是因为有你陈元礼将军，大家就真的危险了！如今凄凉的大同殿和寂寞的白虎殿，以及长安的老百姓都翘首期盼着皇帝的旗帜重新回归，好的运气重新保佑大唐。先帝的陵园本身就有神灵护佑，大唐的祭祀礼仪一点也没有缺失。伟大的太宗皇帝奠定了强盛的基业，他所创建的丰功伟业，就像参天大树一样根基深厚。

纵观杜诗的创作历程，年轻的时候，杜甫的视角在山水，“会当凌绝顶，一览众山小”；长安十年，他的视角主要在上层社会，为了求官，他必须在上层社会进行活动，他看到了上层社会的黑暗，所以有了“朱门酒肉臭，路有冻死骨”，有了著名的《兵车行》《丽人行》和《自京赴奉先县咏怀五百字》。安史之乱爆发后，他和他的家庭遭受了种种人间的苦难，他的视角开始往下看，开始看普通老百姓的生活。《羌村三首》《北征》中虽然描写的是自己家庭苦难的生活，但一个时代的投射、记忆不都是通过一个个小家庭的生活看出来的吗？杜甫既是在写自己，也是在写别人。自此，杜诗与同时代的其他诗作有了本质的区别。他开始既能站在天下百姓的角度看待问题，也能站在统治者的角度看天下。这是一种更高维度的视角，他看见了天下苍生的艰难，看到了苦难即将过去的曙光。正是在这个时候，唐诗随着杜甫的蜕变开辟了一条崭新的道路，一条伟大的现实主义道路，一条与史学并行并可以让后人从全新的角度来看待历史的道路，这也是杜甫的诗被后世称为“史诗”的原因。

第十章
命　运

不是我的错，都是耿直惹的祸！回长安之后的好日子没过几天，便被下放到华州管理杂事去了。

忆昨逍遥供奉班，去年今日侍龙颜。
麒麟不动炉烟上，孔雀徐开扇影还。
玉几由来天北极，朱衣只在殿中间。
孤城此日堪肠断，愁对寒云雪满山。

——节选自杜甫《至日遣兴，奉寄北省旧阁老两院故人二首》(其二)

引　言

在羌村探亲期间，杜甫对战局非常关心。就在他离开凤翔的那个月，叛军曾袭击过凤翔，没有成功。九月的时候，肃宗的长子广平王李俶和郭子仪率领十五万大军从凤翔出发，准备收复长安，这其中就包括由怀仁可汗的儿子领导的数千善战的回纥兵。大部队列阵于香积寺附近，准备决战。杜甫听到了这个消息，感到无比的兴奋，仿佛自己已经置身于长安之中，和长安的老百姓一起欢迎唐军凯旋。他写了一首《喜闻官军已临贼境二十韵》表达兴奋之情。

胡虏潜京县，官军拥贼壕。
鼎鱼犹假息，穴蚁欲何逃。
帐殿罗玄冕，辕门照白袍。
秦山当警跸，汉苑入旌旄。
路失羊肠险，云横雉尾高。
五原空壁垒，八水散风涛。
今日看天意，游魂贷尔曹。
乞降那更得，尚诈莫徒劳。
元帅归龙种，司空握豹韬。
前军苏武节，左将吕虔刀。
兵气回飞鸟，威声没巨鳌。
戈鋋开雪色，弓矢尚秋毫。
天步艰方尽，时和运更遭。
谁云遗毒螫，已是沃腥臊。
睿想丹墀近，神行羽卫牢。
花门腾绝漠，拓羯渡临洮。
此辈感恩至，羸俘何足操。
锋先衣染血，骑突剑吹毛。
喜觉都城动，悲怜子女号。
家家卖钗钏，只待献春醪。

——杜甫《喜闻官军已临贼境二十韵》

大概的意思是说：唐军兵临城下，反贼如同锅里的鱼和蚂蚁，纵然一息尚存，最终也难逃灭亡的下场。然后想象着文武百官簇拥着皇上从凤翔返驾回京的场面，祸乱平息之后，朝廷肯定不会再宽容那些反贼。紧接着，描述了将士们齐心协力，涤荡妖氛。最后说，这一切的胜利都是因为肃宗的英明，再加上远方的战士奋力助战，旧都的收复指日可待。

果然，杜甫的设想成真，唐军在香积寺打败了叛军，收复了长安。不久之后，洛阳也被收复了。十月，肃宗在文武百官的簇拥下回到了长安。杜甫的假期刚过，便迫不及待地和妻儿一起，把家搬回了长安。

肃宗回到长安的时候，御史中丞崔器把那些接受了安禄山封赏的官员都聚集在含元殿前，脱去他们的鞋帽，让他们磕头谢罪；洛阳被收复以后，又从那里运来了一批投降的官员，谢罪过后，通通关押在监牢之中。杜甫的好朋友郑虔也接受了水部侍郎的官职，但由于他装病不曾上任，所以从轻发落，被贬到台州任司户参军。杜甫刚刚回到长安，满头白发的郑虔便踏上了去往台州的路。台州距离长安四千多里地，路途遥远，所以杜甫认为这位老友只能老死台州，此生再不可见了。后来，杜甫还去过郑虔的故居，所见的无非是穷巷寂静、残屋破壁，一张破旧的桌子上，还放着干死的代替蜡烛的“读书萤”。回想起两人在长安的那些日子，还写下了“酒酣懒舞谁相拽，诗罢能吟不复听”以及“穷巷悄然车马绝，案头干死读书萤”的诗句。

1

至德二年（757年）冬季，杜甫在长安继续出任左拾遗。当时很多在凤翔跟随肃宗的官员都得到了奖励，即使是从宰相位置上被贬下来的房琯也被任命为紫光禄大夫，晋封清河郡公。唯有杜甫没有任何的升迁，可见肃宗的确不待见他。杜甫自然也明白这一点，所以官儿做得也是小心翼翼的。他有一首诗《春宿左省》叙述了在长安做左拾遗的情况。

花隐掖垣暮，啾啾栖鸟过。
星临万户动，月傍九霄多。
不寝听金钥，因风想玉珂。
明朝有封事，数问夜如何。

——杜甫《春宿左省》

诗的意思是：日暮的时候，左偏殿矮墙边上的花丛隐藏在矮墙的阴影中，一群即将归巢的鸟儿鸣叫着从眼前飞过。星临宫中依然繁忙，千门万户似乎都有人在走动，越是靠近天庭的地方，所得的月光也应该更多。虽然已经很晚了，但是还不敢睡觉，竖着耳朵听宫门门锁开启的声音，晚风飒飒，感觉像是上朝前官员们马铃的声音。明日早朝，还有重要的事情要进谏，心里惴惴不安，夜间醒了好几次，生怕贪睡误了大事。

从这首诗中，一方面可以看出杜甫恪尽职守，另一方面也可以看出他的压力和谨小慎微的心情。左拾遗这个位置，毕竟属于皇帝的内臣，品级虽然不高，可依然很被人看重，因为经常有机会被邀请到各种场合。当时贾至任中书舍人，岑参任右补阙，王维任太子中允，严武任京兆少尹兼御史中丞，杜甫与他们的关系都非常要好，他们常常在一起喝酒吟诗，过着闲散的官吏生活。但这些唱和的诗句大多都是盛唐遗风，辞藻华丽，歌功颂德，毫无新意；因为离开了人民，所以诗中也缺乏可陈可点的内容。可能是凤翔的那段经历对他的影响太大了，此时的他心中只有那个高高在上的皇帝，他的视野也被局限在了皇帝的周围，只知道逢迎龙颜，他说“天颜有喜近臣知”，还把能陪着皇帝去祭祀、得到皇帝赠送的衣服这些事看成是无上的荣耀。

然而，在“高张四悬，乐充宫廷。芬树羽林，云景杳冥”这样一派祥和的景象背后，却隐藏着日益严峻的政治冲突。自玄宗回到长安以来，肃宗的权力和地位便受到了遏制。李亨称帝之前，当了整整十八年的太子，而他还是玄宗废除太子瑛的太子之位后才上位的。在这十八年中，他一直谨记“仁、孝、谨、静”四字原则，这个四字箴言让他坐稳了太子之位，但同时也让他形成了懦弱、无能、谨小慎微、目光短浅的性格特点。可以说，在他的心里对自己的父亲是充满惧怕的，再加上他是在国难的时候自行登基的，心中更是忐忑。在这个时候，朝中文武百官自然也被分成了两个派系，这里面既有玄宗的老臣，也有一直跟随肃宗的近臣。老臣自然是高居要职，这些都让肃宗心里非常不舒服。后来，在宦官李辅国的挑拨下，唐玄宗被软禁在了深宫内，那些与唐玄宗关系密切的大臣也遭到了排挤和疏远。房琯一脉自然难逃被排挤和贬谪的命运，最早是贾至被排挤出了长安，到汝州去做刺史；然后房琯被贬为邠州刺史，严武被贬为巴州刺史；杜甫也被排挤出了长安，成为华州司功参军。

两代皇帝的斗争几乎断绝了杜甫的政治生涯，甚至都无法再待在长安做个八品小官。这看起来似乎是一件悲惨的事情，但我们同时可以看到杜甫在长安的这大半年里，视野变得越来越狭窄，与人民大众的生活越来越远，如果长此以往，他前些年好不容易开辟的诗词风格必定会葬送在这个左拾遗的位置上。若从这个角度来讲，这场政治巨变对他来说又是何其的幸运。

2

杜甫离开长安的时候，走的依然是金光门，或许他对这座城门的印象还是当初冒着生命危险投奔肃宗的场景吧。今日再回首，不知心中做何想？一次是主动靠近，一次是被迫远离，同一个主角，相反的结局。他想不到的是，自己在被皇帝遗弃的同时，却被人民、被历史所接纳。正因如此，他才有机会接近仍处于战乱中的人民，认清这个时代尚未过去的苦难，并恢复、扩充了他的诗之疆域。此时此刻，诗人的心中充满了悲凉，再无其他感觉，所以他写下了这样的诗句：

此道昔归顺，西郊胡正繁。
至今残破胆，应有未招魂。
近得归京邑，移官岂至尊。
无才日衰老，驻马望千门。

——杜甫《至德二载甫自京金光门出问道归凤翔乾元初从左拾遗移华州掾与亲故别因出此门有悲往事》

诗意如下：当初从叛军占领的长安逃出去往凤翔的时候，走的就是这个门。当时长安西郊，到处是安史叛军。直到如今想起来，仍叫人心惊胆战，那时更是吓破了胆。这里至今仿佛还有未招回的魂。从我担任左拾遗这近侍之官，随着皇上回到长安，到今天被放为外任之官，这旨意难道是出自皇上的本心？算了吧，我这庸才已逐日衰老、两鬓苍白，纵然留恋帝都的千门万户，也只能接受命运的安排了。

杜甫来到华州，正值七月酷暑，白天苍蝇乱飞，晚上毒蝎出没，再加上他本来心情就沉闷，难受得快要发狂了。而司空参军这个职位既要管理地方祭祀、礼乐、学校，也要负责选举、医疗以及考试这些文教工作，所以杂事特别多，杜甫只得每天对着堆积如山的文书没日没夜地干。当时长安和洛阳刚刚收复，各地的生产都还没有恢复，物价高涨，饿殍遍野。政府没有办法，只好铸造面额高的货币，这又进一步加剧了通货膨胀。杜甫针对这种情况其实有所考虑，他在《乾元元年华州试进士策问五首》中提出在变乱中关于赋税、交通、征役以及币制等迫切的问题。当然，在这些问题里，他首先考虑的是人民的负担，这并不是统治阶级看待问题的角度。

大唐国内的空虚引来了外敌的虎视，先是西边的吐蕃趁着新疆防务空虚，占领了西部的土地；后来大食也从海路登上南方的海岸，围攻广州一带。曾经辉煌的大唐，一时间陷入了民生凋敝、外族欺凌的境地。此时的长安又是什么样呢？诗人大概只有离开了才会以旁观者的角度来观察和体悟那个地方。他的一首《瘦马行》借助去年冬天在长安东郊路边见到的一匹被遗弃的病马，来述说朝堂里政治斗争下的宦海沉浮。

东郊瘦马使我伤，骨骼硉兀如堵墙。
绊之欲动转欹侧，此岂有意仍腾骧。
细看六印带官字，众道三军遗路旁。
皮干剥落杂泥滓，毛暗萧条连雪霜。
去岁奔波逐余寇，骅骝不惯不得将。
士卒多骑内厩马，惆怅恐是病乘黄。
当时历块误一蹶，委弃非汝能周防。
见人惨淡若哀诉，失主错莫无晶光。
天寒远放雁为伴，日暮不收乌啄疮。
谁家且养愿终惠，更试明年春草长。

——杜甫《瘦马行》

译文如下：东郊的那匹瘦马啊，让我伤心不已。它那因瘦弱而突出的骨头，就像墙头伸出的石头一般。拿起它的缰绳，尝试着绊动它的脚，它却只能无力地挪动四蹄，歪歪倒倒，那可不是要奔跃的意思啊！仔细看看它身上有六个印子，其中的一个是官方印，大家都说它是被部队遗弃在路旁的。它的皮肤干裂，毛色灰暗，夹杂着泥水污渍一片片剥落，身上沾满了冰霜。去年它可能还在沙场上左奔右突，驱逐敌寇，如果不是一匹好马的话，也不会被选中。军中的将士骑的都是天子马厩的良马，这匹马跟那些宝马相当，只是病了的缘故吧？沙场之上为了快点突入敌军阵营，却不小心跌倒，这委实不是一匹战马所能够预防的。见到有人过来，发出凄惨悲凉的鸣叫，似是在向失散的主人倾诉，两眼欲哭无泪。在这寒冷的冬天，被远远地放逐，想必只能与大雁为伴，日落时分还会承受乌鸦啄疮的痛苦。如果谁家愿意收养这匹老马的话，一定会有想象不到的好处。不信，等到明年草长莺飞的时候看吧！

不难看出，这首诗是借马寓意，以马的昔用今弃写自己宦途的浮沉，以马的形容憔悴写自己的忧愁痛苦。“当时历块误一蹶，委弃非汝能周防”，正是说自己仗义执言的本意是要匡助君王，没料到反而触怒了肃宗，以致被疏远、被遗弃，正像那被抛在郊外的瘦马一样。而“更试明年春草长”则表达了作者仍希望济世有为的思想。在这场政治斗争中，杜甫这种小官都受到了牵连，被排挤出都城之外，更何况那些昔有大用而今同样惨遭抛弃的朝臣。

3

乾元元年（758 年）年末，由于已离家多年，杜甫告假了一段时间，打算回老家去看看旧地、旧居、旧友和亲人。工作交代完毕，便踏上了东行的道路，没想到刚出城，便遇到了一个熟人。这个人是时任司勋员外郎的杨绾家的一个晚辈，在襄阳做少府，去长安的路上路过华州，碰巧遇到了杜甫。杜甫与杨绾在长安相识，可能也是在那个时候两人有所交集。如今意外相遇，自然少不了要寒暄一番，开开玩笑，杜甫还作了一首诗，以诗代信，请这位杨少府向杨绾代为问候。

寄语杨员外，山寒少茯苓。
归来稍暄暖，当为劚青冥。
翻动神仙窟，封题鸟兽形。
兼将老藤杖，扶汝醉初醒。
——杜甫《路逢襄阳杨少府入城，戏呈杨员外绾》

这首带着戏谑语气的诗大概是说：杨员外，我想跟你说，因为天气寒冷，山上的茯苓很少。等我从洛阳回来的时候，天气暖和了，我一定进山去寻找有青气的松树，给你挖茯苓。翻起龙蛇的洞穴，挑选一些结成鸟兽形状的上等茯苓寄给你。我还会在山上给你找一根老树藤，做根拐杖送给你，供你喝多了的时候当扶手用。

从诗中可以看出，杜甫曾经答应给杨绾捎些茯苓，可能忘记了这件事，如今想起来了，便给自己找了一个借口，插科打诨一番。

杜甫继续东行，到达了湖城县，他又意外遇到了诗人孟云卿。孟云卿是元结的好友，他们都是反对形式主义诗歌的诗人，在一起的时候自然有谈不完的话题，两人通宵饮酒谈诗。杜甫一时兴起，还写下了带有戏剧性的诗句："疾风吹尘暗河县，行子隔手不相见。湖城城南一开眼，驻马偶识云卿面。"

杜甫回到洛阳之后，先去了他的老家首阳山下的陆浑庄。此时，老家的景物似乎没有什么太大的变化，可惜想见的人一个也没有见到。杜甫是一个很有家族观念的人，他的诗歌中也经常见到对弟妹的思念之情。此次归来，却没能见到亲人，这种惆怅之情可想而知。第二年初春，杜甫又回到这里，写下了《忆弟二首》。

丧乱闻吾弟，饥寒傍济州。
人稀吾不到，兵在见何由。
忆昨狂催走，无时病去忧。
即今千种恨，惟共水东流。

——杜甫《忆弟二首》（其一）

杜甫得知弟弟杜颖在济州一带谋生，还是前年被反贼捉进长安的时候。他这次回到陆浑庄可能见到了杜颖留在这里的家小。当时山东还没有收复，两地阻隔，连传信都非常不便，见面就更加没法奢望了。想起自己匆忙逃难的时候，纵然是自己身染疾病，对弟弟的担忧也从来没有从心中有片刻的消退。到如今，纵然有千愁万恨也是没有办法的事情，只有让它随着河水东流而去。

且喜河南定，不问邺城围。
百战今谁在，三年望汝归。
故园花自发，春日鸟还飞。
断绝人烟久，东西消息稀。
——杜甫《忆弟二首》（其二）

第二首表达了希望弟弟能够还乡和寄信回来之意，思念之情溢于言表。从安禄山叛乱至今已经有三年时间了，杜颖从叛乱开始就没有回家，所以有“三年望汝归”之说。如今家乡的花鸟依然盛开，可无人陪伴共赏，诗人心中更加惆怅。

杜甫东归洛阳遇到的唯一快意的事情大概就是拜访青年时代的好友卫八处士，他的《赠卫八处士》描写了这次充满友谊和人生感慨的聚会。

人生不相见，动如参与商。
今夕复何夕，共此灯烛光。
少壮能几时，鬓发各已苍。
访旧半为鬼，惊呼热中肠。
焉知二十载，重上君子堂。
昔别君未婚，儿女忽成行。
怡然敬父执，问我来何方。
问答乃未已，儿女罗酒浆。
夜雨剪春韭，新炊间黄粱。
主称会面难，一举累十觞。
十觞亦不醉，感子故意长。
明日隔山岳，世事两茫茫。
——杜甫《赠卫八处士》

译文如下：人的一生中总是聚少离多，就像天上的参星和商星实在难得相遇。今夜你我相遇算得上是一个良辰吉日，让我们可以在这烛光下叙谈旧情。青春的岁月总是过得很快，转眼之间我们已经是两鬓斑白的老人。往日的朋友有一半都已经不在了，我的心里充满了难过和哀怜。没想到我们在分开二十年之后，还能共同坐在你家的厅堂里。我们分别的时候，你还没有娶妻，如今你已经是儿女成帮成行了。他们都彬彬有礼地欢迎父亲的老友，亲切地问我从何处而来。我俩还没有回忆完往事，你就催促儿女们赶快把酒菜摆上桌子。冒着夜雨剪来了新鲜的韭菜，端上新煮的黄米饭给我品尝。你感慨见面的机会实在是太过难得，说到激动的地方，一口气喝了十几杯。即便是这样，也丝毫没有醉意。最让我感动的是你对老友的情深意长。明日之后，我们可能又要相隔千山万水了，这世间离别的愁绪总是让人感伤。

此次回归东都，是杜甫最后一次在洛阳逗留。离开家乡之后，命运之神再一次和他开了一个大大的玩笑，等待诗人的，将是更难走的路和更为困苦的人生。

第十一章
破　碎

回老家一趟，亲没探着，又遇到了兵变；返回工作地途中，看山河破碎，一路走来一路哭……

攀龙附凤势莫当，天下尽化为侯王。
汝等岂知蒙帝力，时来不得夸身强。
关中既留萧丞相，幕下复用张子房。
张公一生江海客，身长九尺须眉苍。
征起适遇风云会，扶颠始知筹策良。
青袍白马更何有，后汉今周喜再昌。

——节选自杜甫《洗兵马》

引　言

至德二年（757 年），安禄山的儿子安庆绪担心父亲把帝位传给弟弟，便伙同严庄和宦官李猪儿杀死安禄山，自立为帝，年号载初。乾元二年（759 年）正月，安庆绪又被部将史思明所杀，正可谓弑君弑父必遭天谴。史思明杀死安庆绪之后，便在魏州城北筑坛，自称大圣燕王。

这边筑台称帝，邺城那边正打得如火如荼。唐军大将郭子仪率领大军围攻邺城，筑垒两重，穿堑三重，引来漳河之水灌城，城里面粮食早就吃光了，一只老鼠都能卖四千文钱，城里面的人想投降却因为水深出不了城。二月的时候，史思明领兵来支援邺城，他让将领们在离城五十里的地方扎营，然后派出五百名骑兵到唐军营地附近捣乱，一旦唐军出击，他们撒腿就跑，就这样来来回回让唐军损失了不少牛马辎重。当时正值灾年，军粮也都要从南方运过来，先走水路然后转为陆路。史思明派人化装成唐军去督运，他们一边制造混乱，一边把运粮食的车想办法集中在一起，然后放火烧掉，唐军没有了粮食，几乎都快溃散了。史思明看时机已经成熟，便带着军队直抵城下，与唐军展开决战，唐军不敌，向南溃败而逃，逃到了河阳。这一仗唐军损失惨重，原有的战马万匹，剩下的不到三千匹；甲仗十万，几乎遗弃殆尽。就这样，东都洛阳及附近地区陷入战乱。

就在这官军大溃退之际，杜甫离开洛阳返回华州，一路上亲眼目睹了战乱时期人民所受的种种痛苦，写下了“三吏”“三别”以及“二叹”这几组传世名篇。

1

新安是杜甫离开洛阳后的第一站。这天傍晚时分，杜甫来到新安，看到有兵卒正在抓未成丁的少年入伍，便上前询问。这一来一往的对话，凝聚在诗人的笔头，便成了传世千年的名篇——《新安吏》。

客行新安道，喧呼闻点兵。
借问新安吏，县小更无丁？
府帖昨夜下，次选中男行。
中男绝短小，何以守王城？
肥男有母送，瘦男独伶俜。

白水暮东流，青山犹哭声。
莫自使眼枯，收汝泪纵横。
眼枯即见骨，天地终无情。
我军取相州，日夕望其平。
岂意贼难料，归军星散营。
就粮近故垒，练卒依旧京。
掘壕不到水，牧马役亦轻。
况乃王师顺，抚养甚分明。
送行勿泣血，仆射如父兄。

——杜甫《新安吏》

译文如下：我走在新安县的道路上，听见有人喧哗，原来是新安的官吏在按照户籍征兵。看到征的新兵年纪还小，我便上前问那些征兵的官吏："难道是因为新安县太小，壮丁都已经抽完了，才来抓这些不成丁的少年吗?"官吏回答说："兵府的文书昨天晚上已经下来了，规定可以点选十八岁的中男入伍了。"我听到后感到很惊讶，忙问："这些孩子也太小了，怎么守得住洛阳城呢?"官吏们不耐烦了，便没有理我。在这样的乱世中，不论是有母亲的孩子还是孤苦无依的孤儿，都免不了这样的命运。此时已经是日暮西山，河水依然不知疲倦地向东流去，只留下青山旁边送别的哭声在天空中久久不息。看到如此的景象，心中感慨不已，但洛阳终究还是需要有人驻守的，只好安慰那些哭泣的人说："各位不要哭了，把眼泪和身体哭坏了就不好了。这都是老天爷无情的安排啊！我们大唐的士兵进攻相州，本来希望能够早日收复失地，不曾想到估计错了敌情，导致打了败仗，士兵们一组一组地溃散了。如今你们的孩儿只是去原先的营垒附近就食，练兵的场所也在洛阳附近。他们无非做一些挖战壕、放军马的事情，既不繁重也不危险。更何况我们官府的军队是正义之师，参加的是讨伐叛乱的战争，想必一切都会顺利的。军队里的主将们都爱兵如子，对于这些新兵，一定会关爱有加的。所以大家都不要太难过了，到了军营之后，长官会像对待自己的亲人一样关爱你们的。”后面说的那些劝慰话，无疑是无可奈何之语。杜甫自然是明白这一点的，可是作为大唐的子民，王城不能不守，这是一种矛盾下无奈的选择。而历史的真相证明，当面临这样的选择时，受伤的往往都是老百姓。杜甫看透了这一点，可是没有丝毫的办法，除了劝慰几句，也只能对空长叹了。

离开新安县过了一夜，第二天继续向西，夜晚的时候投宿到石壕村一个农户的家里。由于战争的原因，这家的三个儿子都被征兵去了前线，家里只剩下老夫妻和一对孤儿寡母。杜甫赶了一天路，本欲好好休息一晚，不料半夜被一阵砸门声惊醒，原来是石壕的官吏来这家抓丁了。杜甫亲耳听到了全过程，深感愤慨，写下了这首被誉为现实主义文学典范之作的《石壕吏》。

暮投石壕村，有吏夜捉人。
老翁逾墙走，老妇出门看。
吏呼一何怒，妇啼一何苦。
听妇前致词，三男邺城戍。
一男附书至，二男新战死。
存者且偷生，死者长已矣。
室中更无人，惟有乳下孙。
有孙母未去，出入无完裙。
老妪力虽衰，请从吏夜归。
急应河阳役，犹得备晨炊。
夜久语声绝，如闻泣幽咽。
天明登前途，独与老翁别。

——杜甫《石壕吏》

译文如下：傍晚的时候，我来到石壕村投宿在一户弄家里，晚上遇到官吏来强行征兵。老翁听到敲门声便立刻跳墙跑了，老妇人打开门去应对那些官吏。官吏们吼得那么凶狠吓人，老妇人哭得这么可怜！我听到老妇人对官吏们说："我家的三个儿子都参加了邺城之战，刚接到一个儿子的来信，说另外两个儿子都战死在沙场。能够活着的人只能过一天算一天，已经死去的人就永远也不可能再回来了！我家里再也没有其他人了，只有一个还在吃奶的小孙子。因为有孙子在，所以母亲还没有离开，可是进进出出连一件能够遮羞的衣服都没有。老婆子我虽然年老力衰，但也愿意跟着你们连夜赶回营地。我们赶快到河阳去，这样还能赶得上明天早上给将士们做早饭。"夜深了，说话的声音消失了，可耳边似乎还有幽幽咽咽的哭声。第二天早上赶路之前，只是和老翁一个人告别了。

在"三吏""三别"中，这首《石壕吏》无疑是最出彩的一首。仇兆鳌在《杜少陵集详注》里说："古者有兄弟始遣一人从军。今驱尽壮丁，及于老弱。诗云：'三男戍，二男死，孙方乳，媳无裙，翁逾墙，妇夜往。'一家之中，父子、兄弟、祖孙、姑媳惨酷至此，民不聊生极矣！当时唐祚，亦岌岌乎危哉！"就是说，"人民是一国之本"，把人民折磨成这个样子，统治者的宝座也就岌岌可危了。杜甫作为这个时代的官员，面对这一切发生的事情，没有美化现实，如实地揭露了政治黑暗，发出了"有吏夜捉人"的呼喊，这是值得高度评价的。在艺术表现上，这首诗最突出的一点是精练。陆时雍称赞道："其事何长！其言何简！"全篇句句叙事，既无抒情语，亦无议论语；但实际上，诗人却巧妙地通过叙事抒了情，发表了议论，爱憎分明，倾向性明显。寓褒贬于叙事，既节省了很多笔墨，又毫无概念化的感觉。诗还运用了藏问于答的表现手法。"吏呼一何怒，妇啼一何苦"，概括了矛盾双方之后，便把笔墨集中在"妇"上，而不再写"吏"，但是"吏"的蛮悍、横暴，却于老妇"致词"的转折和事件的结局中暗示了出来。诗人十分善于剪裁，叙事中藏有不尽之意。一开头，只用一句写投宿，立刻转入"有吏夜捉人"的主题。再比如，只写了"老翁逾墙走"，未写他何时归来；只写了“如闻泣幽咽”，未写泣者是谁；只写老妇“请从吏夜归”，未写她是否被带走。与此同时，却用照应开头、结束全篇、既叙事又抒情的“独与老翁别”一句告诉读者：老翁已经归家，老妇已被捉走；那么，那位吞声饮泣、不敢放声痛哭的，自然是给孩子喂奶的年轻寡妇了。由于诗人笔墨简洁、洗练，全诗一百二十个字，在惊人的广度与深度上反映了生活中的矛盾与冲突，这是十分难能可贵的。

杜甫继续向西，到达了华州前的最后一站——潼关。潼关是都城长安的最后一道防线，自古便是军事要塞。如今祸乱又起，潼关自然是繁忙一片。杜甫路过潼关的时候，看到士卒和劳役们在加固城墙，便停下来和他们聊了几句。交谈过程中，诗人不由得回想起当年潼关失守、长安沦陷的事情，进而创作出“三吏”中的最后一首《潼关吏》。

士卒何草草，筑城潼关道。
大城铁不如，小城万丈余。
借问潼关吏，修关还备胡？
要我下马行，为我指山隅。
连云列战格，飞鸟不能逾。
胡来但自守，岂复忧西都。
丈人视要处，窄狭容单车。
艰难奋长戟，万古用一夫。
哀哉桃林战，百万化为鱼。
请嘱防关将，慎勿学哥舒！

——杜甫《潼关吏》

译文如下：士卒和劳役是多么辛苦，为了加固潼关要道的城墙，大城要修建得比钢铁还坚固，小城依山而建高达万丈。问潼关的一位官吏：“你们重新加固潼关是为了抵抗即将到来的叛军吗？”潼关吏邀请我下马同行，我们一边走他一边跟我介绍：“那边的防御工事高耸入云，就算是飞鸟也别想逾越。反贼如果打到这里，我们只要守住关隘，就不怕他们能够攻进长安。你看这要害的地方，狭窄到只能通过一辆车子，在战事要紧的关头，这里就是‘一夫当关，万夫莫开’的地方啊！”听完介绍，我不由得回想起当年在桃林塞那令人哀痛的一战，我们大唐的将士们血洒黄河，死伤累累。连忙请这位官吏嘱咐一下守关的将领，千万不要重蹈哥舒翰的覆辙啊！

就艺术而论，这首诗没有什么太出彩的地方，但就文字而言，却值得称赞。第一句中草草前加一“何”字，流露出诗人无限赞叹的心情。第五句中一个“还”字，暗暗带出了三年前潼关曾经失守一事，从而引起人们对这次潼关防卫效果的关心与悬念。这对于开拓下文，是关键性的一笔。最后一句中的“慎”字用得更是意味深长，它并非简单地指责哥舒翰的无能或失策，而是深刻地触及多方面的历史教训，表现了诗人久久难以消磨的沉痛悲愤之感。

2

这一路上，杜甫的作品除了上面详细说明的“三吏”，还有“三别”。清代诗人杨伦说：“‘三吏’兼问答叙事，‘三别’则纯托为送行者之词，并是古乐府化境。”意思是说“三吏”有作者自己在内，“三别”则纯粹以所写人物本身的口气叙述，这在艺术表现形式上是有很大差别的。我们先看看《新婚别》。

兔丝附蓬麻，引蔓故不长。
嫁女与征夫，不如弃路旁。
结发为君妻，席不暖君床。
暮婚晨告别，无乃太匆忙。
君行虽不远，守边赴河阳。
妾身未分明，何以拜姑嫜。

父母养我时，日夜令我藏。
生女有所归，鸡狗亦得将。
君今往死地，沈痛迫中肠。
誓欲随君去，形势反苍黄。
勿为新婚念，努力事戎行。
妇人在军中，兵气恐不扬。
自嗟贫家女，久致罗襦裳。
罗襦不复施，对君洗红妆。
仰视百鸟飞，大小必双翔。
人事多错迕，与君永相望。

——杜甫《新婚别》

译文如下：菟丝子缠绕着低矮的蓬麻，它的蔓儿怎么能爬得那么远！与其把女儿嫁给就要从军的人，倒不如早早带到大路边丢掉。我和你拜堂成了结发夫妻，床席却一次也没能睡暖；昨天晚上草草成亲，今天早晨便匆匆告别，这婚期实在是太短了！你到河阳去作战，虽然离家不算远，可那里已经是战争的最前线；我们结婚后还没来得及拜祭先祖，叫我怎么好去拜见我的公公婆婆？在我待字闺中的时候，不论黑夜还是白天，我的爹妈从不让我抛头露面；人人都说“嫁鸡随鸡，嫁狗随狗”，如今我嫁到你家，爹妈盼的是平平安安。可是哪里想到今天你就要上战场了，我只能把痛苦埋藏在心里。我恨不得跟你一起到战场去，只怕是形势紧急，军情多变。你也不要为新婚就离别而感到难过，要在战争中为国家多多出力。虽然我不能随你去，因为女人在军队里，恐怕会影响士气。唉，我本是穷人家女儿，好不容易才置办了这套丝绸的嫁衣；可从现在起我就把它脱掉，当着你的面洗掉脸上的脂粉，我就这样一心一意等着你回来。你看，天上的鸟儿都自由自在地飞翔，不论大的小的，全是成对成双；可人世间不如意的事儿本来就多啊，但愿我们夫妻二人两地同心，永不相忘！

在归途中，诗人遇到了一个头晚刚刚结婚第二天清晨就要奔赴战场的人，杜甫看到了依依惜别的新娘，揣摩着新娘此时的心境，用她的口气写了这首诗，从一个新婚女人的角度反映战乱和不合理的兵役带给人民的痛苦和灾难。按照当时的制度，新婚者是不必服役的，在这里诗人看到了矛盾，写出了无奈离别的痛苦。浦起龙说："语出新人口，情绪纷而语言涩。"可见杜甫进入角色了。

第二别是《垂老别》，写得也非常出色。

四郊未宁静，垂老不得安。
子孙阵亡尽，焉用身独完。
投杖出门去，同行为辛酸。
幸有牙齿存，所悲骨髓干。
男儿既介胄，长揖别上官。
老妻卧路啼，岁暮衣裳单。
孰知是死别，且复伤其寒。
此去必不归，还闻劝加餐。
土门壁甚坚，杏园度亦难。
势异邺城下，纵死时犹宽。
人生有离合，岂择衰老端。
忆昔少壮日，迟回竟长叹。
万国尽征戍，烽火被冈峦。
积尸草木腥，流血川原丹。
何乡为乐土，安敢尚盘桓。
弃绝蓬室居，塌然摧肺肝。

——杜甫《垂老别》

译文如下：战争还在继续，王城之外都不得安宁。虽然我已经很老了，可是仍然不能安享晚年。子孙们都死在了战场上，在这兵荒马乱的年头，我这条老命又何必苟延残喘地活着？！扔掉手中的拐杖，出门去拼搏一番。同行的人大多为我心酸流泪，庆幸的是，牙齿还好，胃口也还不错；悲哀的是身体骨瘦如柴，枯槁不堪。男人既然披上了盔甲奔赴战场，也只能和长官们揖手告别。年老的妻子趴在路上直哭，严寒的腊月仍然是衣衫单薄，都知道上战场是去送死，贫贱的夫妻怎么会不怜悯她的饥寒。如今踏上征途再也不可能回到故乡，还听她再三劝我多吃饭加餐。土门关深沟高垒防守很严，杏园镇的天险也很难被攻破。虽然严峻的形势比不上当年的邺城之战，就算是死，可能也没有那么快。人生在世免不了悲欢离合，谁还会管你饥寒交迫衰老病残？！想起年轻的时候正值国泰民安，忍不住徘徊踟蹰、长吁短叹。这天下的人都被应征入伍了，战争的烽火已经弥漫了整个山岗。堆积如山的尸体让草木都变得腥臭无比，流下的鲜血染红了河流和平原。在这战火遍地的地方，哪里还会有人间乐园？勤王杀敌又怎么敢磨磨蹭蹭的，毅然决然地抛弃家里的茅草房奔赴战争的前线，但一旦离开家乡，还是让我感觉肝肠寸断。

这首诗写了一个“子孙尽阵亡”的老人，愤而参军，临行时发出种种感慨。这种忧虑和愤慨与其说是老人的，倒不如说是诗人自己的。诗句不长，不以情节的曲折取胜，而是以人物的心理刻画见长。杜甫以自叹、自诉、自语的方式进行描写，用独白的语气表现出既沉重又旷达的复杂心情。这种自相矛盾又在情理之中的基调，决定了全诗在严谨整饬中，具有跌宕起伏、缘情婉转之妙的结构层次。

第三别为《无家别》，写的是一个刚刚从战场回来、家已不存又被应召入伍的悲惨故事。

寂寞天宝后，园庐但蒿藜。
我里百余家，世乱各东西。
存者无消息，死者为尘泥。
贱子因阵败，归来寻旧蹊。
久行见空巷，日瘦气惨凄。

但对狐与狸，竖毛怒我啼。
四邻何所有，一二老寡妻。
宿鸟恋本枝，安辞且穷栖。
方春独荷锄，日暮还灌畦。
县吏知我至，召令习鼓鞞。
虽从本州役，内顾无所携。
近行止一身，远去终转迷。
家乡既荡尽，远近理亦齐。
永痛长病母，五年委沟溪。
生我不得力，终身两酸嘶。
人生无家别，何以为烝黎。

——杜甫《无家别》

译文如下：天宝年之后，村子里寂寞荒凉，家园里只剩下蒿草蒺藜。我的乡里原本有百余户人家，都因世道乱离而各奔东西。还活着的人没有任何消息，死了的人都已经归为尘土。因为邺城兵败，我沿着旧路回到了家乡，在村子里走了很久，只看到空空的巷子和一片萧瑟而凄凉的景象，一只野狐狸竖着毛对我乱叫。街坊四邻都已经不在了，只剩下一两个老寡妇。鸟儿都会留恋它们枝头的巢窝，我也同样依恋我的家乡，哪能再次离家而去，就在这里继续生活吧。此时正好是春天了，我扛起锄头种地，到了晚上还要打水浇地。县吏不知怎么知道我回来了，又征召我去练习军中的骑鼓。虽然是在本州服役，家里也没什么可带。近处去我只有孤身一人，远赴前线终究也会迷失。家乡既然已经是一片空荡，远近对我来说都是一样。让我心疼的是我那长年生病的母亲，都死了五年了也没有好好埋葬。她生了我，却得不到我的服侍，母子二人终身忍受辛酸。人活在世上却无家可归，这老百姓可怎么当？

杜甫高于一般诗人之处，主要是他无论叙事抒情，都能做到立足生活，直入人心，剖精析微，探骊得珠，通过个别反映一般，准确传神地表现出他那个时代的真实生活，概括劳苦人民包括诗人自己的无穷辛酸和灾难。浦起龙说《无家别》最后两句以点做结，“何以为烝黎”一句可以作为“三吏三别”六篇文章的总结。最后一句质问的话如警世之钟，振聋发聩——把老百姓糟蹋成这个样子，你们这官是怎么当的？

3

“三吏三别”写的是乾元二年（759 年）二三月间杜甫自洛阳回华州一路上的见闻，修订和成稿应该在回到华州之后。然而，杜甫的苦难并没有随着回到华州而消解。实际上，他刚刚回到华州不久，就遇到关中大旱，造成严重灾荒，灾民到处逃荒，流离失所。杜甫仍然时时忧虑动荡的局势和苦难的人民，但似乎对唐肃宗和朝廷中把持大权的重臣们已失去了信心。这一年夏天他写下《夏日叹》和《夏夜叹》两首诗，明确地表达了这种心情。

夏日出东北，陵天经中街。
朱光彻厚地，郁蒸何由开。
上苍久无雷，无乃号令乖。
雨降不濡物，良田起黄埃。
飞鸟苦热死，池鱼涸其泥。
万人尚流冗，举目唯蒿莱。
至今大河北，化作虎与豺。
浩荡想幽蓟，王师安在哉。
对食不能餐，我心殊未谐。
眇然贞观初，难与数子偕。

——杜甫《夏日叹》

译文如下：夏天的太阳依然从东北方升起，正午的时候就火辣辣地挂在头顶，赤金色的阳光仿佛把厚厚的大地都给晒透了，有啥办法能够缓解这种酷热呢？雷雨天气已经很长时间没有见到过了，莫非掌管雷雨的号令反常了？现在即便是下点小雨也解决不了什么问题，因为天地都被晒成了尘土。连飞鸟都被热死了，池塘里的鱼只能在泥巴里挣扎。老百姓们只能流离失所，举目望去，田地一片荒芜。到今天为止，黄河北面的大片土地都还被叛军占据，这让人想起幽蓟二郡，也不知道现在大唐的军队在做什么。我的心里充满了忧愤，食不知味，寝不能眠，太难过了。想想贞观年间房玄龄、杜如晦、魏征这些贤臣良相，如今的大臣们可是差太多了。

永日不可暮，炎蒸毒我肠。
安得万里风，飘飖吹我裳。
昊天出华月，茂林延疏光。
仲夏苦夜短，开轩纳微凉。
虚明见纤毫，羽虫亦飞扬。
物情无巨细，自适固其常。
念彼荷戈士，穷年守边疆。
何由一洗濯，执热互相望。
竟夕击刁斗，喧声连万方。
青紫虽被体，不如早还乡。
北城悲笳发，鹳鹤号且翔。
况复烦促倦，激烈思时康。

——杜甫《夏夜叹》

译文如下：这炎热的白天过起来似乎特别慢，酷热仿佛把我的肠子都快蒸熟了。怎么才能求得万里长风，飘飘然吹起我的衣裳？太阳终于落山了，皎洁的月亮升了起来，茂密的丛林上反射着月亮的光辉。夏天的夜晚时间太短了，赶紧打开窗户享受一下夜里的微微清凉。月色亮得连极其细微的东西都能看得清清楚楚，扇着翅膀的小虫在空中飞舞着。生命之体其实没有高低、贵贱和大小之分，不过是自己有自己的乐趣和生活的方法罢了。我突然想到那些执戈戍守边疆的士兵们，他们一年到头驻守在那里，怎么让他们洗洗澡呢？想必他们也只能在烈日下无奈地相互观望。整夜都在忙着警戒，一旦有了战事，喧闹声就会响彻四面八方。虽然他们穿着青紫色的官服，可这怎能比得上可以早日回到故乡！华州城北吹响了凄凉的胡笳，鹳鹤一边飞翔一边哀鸣。本来这战乱已经让人苦不堪言了，再加上这大旱和燥热，让我禁不住热切地思念太平盛世时的大好时光。

《夏日叹》和《夏夜叹》中已经明确表现出杜甫对当时政府的不满，同时还有他对天下的百姓、对戍守边关的战士，乃至对自然界小动物们的怜悯和担忧。我们回顾一下前面的“三吏”“三别”就会发现杜诗在经过这个阶段之后，又有了一次升华，他的思想和情感已经完全融入普通老百姓之中。他从家乡洛阳一路走来，一路见闻，经过多时的反省和思考，终于完成了远离皇帝走向人民的心路历程。了解了杜甫前半生的经历，我们会发现这样一个现象：杜甫的生活越往下走，他的思想境界就越高；他的目光看得越低，他的诗歌境界就越高。他的诗文，最早反映的是盛唐理想主义情绪，后来开始揭露统治者和上层社会的黑暗，然后又开始表现自己怀才不遇的情怀，表现自己家庭的苦难。到如今，他真正深入民众当中，成为其中的一分子，他的所想、所写、所说都是老百姓的心声。从人文关怀角度来讲，这些作品代表了当时知识分子对安史之乱中饱受苦难的老百姓人文关怀的最高水准，表现了杜甫无私的仁者情怀。

第十二章
秦　州

遇到饥荒，干脆辞职逃荒去；在骨感的现实面前，多么丰满的理想都如浮云一般。

萧萧古塞冷，漠漠秋云低。
黄鹄翅垂雨，苍鹰饥啄泥。
蓟门谁自北，汉将独征西。
不意书生耳，临衰厌鼓鼙。

——杜甫《秦州杂诗二十首》（其十一）

引　言

《新唐书》中记载，乾元二年（759年），杜甫由于“关辅饥”“辄弃官而去”。字面看起来，似乎是因为闹饥荒才辞官的。然而，杜甫辞官的原因其实很复杂，并非仅仅是因为旱灾。首先，当时长安的政治斗争依然不断，宦官李辅国日渐跋扈，专揽朝政，打着帮助肃宗清除异己的旗号攻击玄宗旧部，制造出了激烈的党争，这使得杜甫知道自己在政治上毫无出路；其次，洛阳地区已经陷入战乱，华州距离潼关非常近，说不定什么时候也会沦陷，在这里做一个蝇头小官实在没有任何意义；最重要的是，从洛阳回华州一路的所见所闻让他清醒了头脑，破除了对朝廷不切实际的幻想。正是因为有这些原因，才让他愤然辞官而去。他还写了一首诗《立秋后题》来叙述罢官这件事情。

日月不相饶，节序昨夜隔。
玄蝉无停号，秋燕已如客。
平生独往愿，惆怅年半百。
罢官亦由人，何事拘形役。

——杜甫《立秋后题》

译文如下：岁月流逝，时间不会放过任何一个人；昨天就已经立秋了，知了知道自己即将到来的命运，所以叫得有些悲凉，燕子也知道即将离开这个地方。我早就有了像庄子所说的“江海之士、山谷之人，轻天地细万物而独往也”的那种念头。虽然我已经快五十岁了（实际是四十八岁），但还是为这个念头而苦恼。既然如此，就挂冠而去吧！都这样了还有什么想不开的。

这首诗可以说是杜甫辞官的宣言书。可以看到他虽然内心有所纠结，但辞官而去已经是深思熟虑之后的决定。这也可以看作是他对污浊的时政痛心疾首的鄙夷和对唐肃宗的失望。

1

杜甫辞官之后，带着家眷去往秦州。秦州就是今天的甘肃天水，在长安西边七百多里的地方。当时的秦州是陇右道东部的一个重要城市，位置在六盘山支脉陇山的西边。从秦汉到唐朝，这里一直是汉族和少数民族羌族杂居的区域，每逢战乱时期，这个地区不是被本地的土豪割据，就是被外族入侵。虽然自唐高祖以来，唐王朝不断开拓边疆，深入西域，在陇右设立了都督府和州县，开元盛世的时候还派遣朔方、陇右、河西、安西、北庭等节度使来镇压边疆，但是自从安史之乱以来，陇西的精锐士兵都被派去平乱了，这里反而防守空虚，时常会受到吐蕃的骚扰。既然是逃荒，杜甫为什么要选择这么一个政治文化一点也不发达的边陲城市呢？其实这也是一个无奈的选择。首先，洛阳沦陷，故乡肯定是不能回去了；其次，如果想到富庶的南方去，由于秦岭的阻隔，必须先向东经过敌占区，然后才能去往江南，这太危险了；最后，长安处于复杂的政治动乱之中，而且又是叛军的主攻方向，显然也不是杜甫这种穷人能够长住的。所以，他逃荒的方向只能是向西或者向北。这时候他得知他的一个本家侄子杜佐在秦州的东柯谷有一个小小的庄园，生活得还不错，在长安时曾经帮助过他的僧人赞公也在秦州，他便决定到秦州去投奔。

杜甫全家经过长安往秦州而去，海拔两千多米高的陇山是必经之路，《三秦记》中有记载：“陇坂九回，不知高几里，欲上者七日乃得越。”就是说这座山山路有九转，想要越过需要七天的时间，很多从东边来到这里的人都把这段路视为最难走的道路。杜甫携家带口，道路险阻，前途茫茫，遥望秦川，念及长安与洛阳仍然处在动乱之中，内心自然高兴不起来，再加上旅途劳累，也无暇观看这奇峻的山景，写什么动人的诗篇。不过他经过陇山时的困苦和客愁，还是可以从他抵达秦州之后所写的《秦州杂诗二十首》中的第一首中窥见一斑。

满目悲生事，因人作远游。
迟回度陇怯，浩荡及关愁。
水落鱼龙夜，山空鸟鼠秋。
西征问烽火，心折此淹留。

——杜甫《秦州杂诗二十首》（其一）

译文如下：这些年我所看到的事情都是让人悲伤的，为了投奔侄子我才来到秦州，因为心中不是很踏实，越是靠近陇西越是徘徊难进；等到我艰难地爬上了关口，心中更是升起了无边的忧愁。鱼龙河的河道和鸟鼠山空旷的山谷都笼罩在萧瑟、凋敝的气氛中。我一路西行到这里还要不断打听前方有无战事，看来这里也不是久留之地。

从诗中可以看出，杜甫到达秦州之后，发现这里也并非那么太平，吐蕃趁着大唐内乱，时不时会来这里烧杀抢掠一番。好在这些都是小规模的行动，相对于洛阳长安一带，秦州还算暂时保持着一份安宁。杜甫在城中找了一个地方暂时住了下来，他住的是一个什么样的地方呢？诗中有记载：

边秋阴易久，不复辨晨光。
檐雨乱淋幔，山云低度墙。
鸬鹚窥浅井，蚯蚓上深堂。
车马何萧索，门前百草长。

——杜甫《秦州杂诗二十首》（其十七）

诗中说：在陇西的秦州城里，有一个蓬门荜户的简陋住宅，虽然处在市区里面，却没有什么车马经过，门前长满了杂草。入秋以来，阴雨连绵，白天仿佛特别短。屋檐前的布幔都已经淋湿了，山上的云气仿佛比院墙还要低。主人家养的鸬鹚饿得不行了，在浅井旁边探头探脑，希望能找点吃的。院子里积满了水，连蚯蚓都钻进了屋子里避潮。

穷舍陋巷，杂草丛生，这就是杜甫初来秦州的住所。当时已经是秋天，可以说是天凉、屋凉、心更凉。烦闷的时候出去走走，看到的除了过往的使者和军队，就是数以千计的蕃帐。他看到降戎的力量已经超过了当地的居民，感受到形势的严峻；看到胡人少年矫健的身姿，对比了一下唐人少年的羸弱，也感到了深深的恐惧。可见对于这个忧国忧民的思想已经深入骨髓的大诗人来说，无论身在何处、处境如何，都能看出这个千疮百孔的国家即将面临的危机。实际上，也就是三四年的工夫，秦州在宝应二年（763 年）被吐蕃占领了。

我们已经知道，杜甫来秦州是冲着他的远房侄子杜佐来的，那么究竟有没有遇见他的侄子呢？当然是遇到了。杜甫有一组很有意思的诗描写了他们交往的一些情况。

（一）

山晚浮云合，归时恐路迷。
涧寒人欲到，村黑鸟应栖。
野客茅茨小，田家树木低。
旧谙疏懒叔，须汝故相携。

（二）

白露黄粱熟，分张素有期。
已应舂得细，颇觉寄来迟。
味岂同金菊，香宜配绿葵。
老人他日爱，正想滑流匙。

（三）

几道泉浇圃，交横落幔坡。
葳蕤秋叶少，隐映野云多。
隔沼连香芰，通林带女萝。
甚闻霜薤白，重惠意如何？

——杜甫《佐还山后寄三首》

第一首描写了杜甫送走来探望他的杜佐之后挂念的心情，他说天色已晚，浮云聚拢，你回去的路上可千万别迷路了。你家附近不是有一个寒涧吗？等你走到那里的时候，就说明你快到家了。太阳下山后，山林里会很黑暗，鸟儿们也都归巢了。我这里的茅屋实在太小，田家的树木也都很低矮。你知道叔叔我生性疏懒，将来还要依靠你的帮助呢。

第二首最有意思，这实际上是一首讨米的诗，可杜甫作为一个诗人，又是长辈，自然不好意思直接开口讨要，便写了这首诗来提醒杜佐该给他送点米了。诗中说道：白露的时节已经过了，你家地里的黄粱应该熟了。临别的时候你说要送一些粟米给我，可能是你觉得我年岁大了，特意嘱咐人要把米舂得很细，这样我吃起来才更可口。正因为这个原因，所以耽误了一些时间。新鲜粟米的味道可远远不是金菊能比的，它吃起来香喷喷的，再配上绿葵这样的菜，那就是我老人家的最爱了，说到这里我仿佛都感受到了松软的新米已经在我勺子里滑动了。这首诗也可以看作是一张催着侄子赶快送米来的便条，却写得那么美、那么委婉，可以想象他的诗歌创作已经到了何等境界。

第三首则是索要薤菜的诗。诗中说你家山坡上菜园子里有几道泉水浇灌，整个山坡已经是青翠如幔。秋天树上的叶子已经很少，山村空旷，周遭都是野云隐映的景象。山泉水缠缠绵绵甚是好看。听说你家的薤菜长得很好，不如再馈赠给我一些怎么样？这首诗写田园野景极为别致，最后才说出了索要薤菜的话。由于之前已经索要过黄粱，这次再要薤菜，所以用“重惠”来表示再次馈赠的意思。

从这几首诗中我们可以看出，杜甫已经彻底把诗歌融入自己的生活，也就是说诗歌不仅用来言志，也可以发挥其他更多的功能。一张借据、一个便条、一封书信都可以用诗来表达，诗真正成为他生活的表达方式和精神存在的方式。

2

杜甫初到秦州，借宿在城里一间破房子里，可能是杜佐的帮助让他看到了希望，他便有了长住秦州的打算。既然如此，一家人住的问题就成了迫切需要解决的。从他的诗中可以看到，他对两个地方比较感兴趣，一个是东柯谷，另一个叫仇池。

传道东柯谷，深藏数十家。
对门藤盖瓦，映竹水穿沙。
瘦地翻宜粟，阳坡可种瓜。

船人近相报，但恐失桃花。

——杜甫《秦州杂诗二十首》（其十三）

万古仇池穴，潜通小有天。
神鱼今不见，福地语真传。
近接西南境，长怀十九泉。
何时一茅屋，送老白云边。

——杜甫《秦州杂诗二十首》（其十四）

前面一首的意思是：听说东柯谷是个好地方，那里住着数十户人家，青青的藤蔓爬满屋顶，溪水掩映着竹林流过铺着细沙的河道。一般的土地都可以用来种植粟米，向阳的坡地可以种些瓜果，这简直就是一处桃花源。我们可以看出来，诗人仅仅是听说东柯谷，便把那里想象得那么美，可见他当时是急切地想找一个能够住下来的地方了。他不但问了村子的大小和地形，还问了风景和土地。说的人说得是天花乱坠，听的人听得是意乱情迷，觉得这就是他隐居的最理想的地方了。

后面这首诗也是杜甫听说了仇池这个地方，想到了仇池出神鱼，吃了可以成仙的传说，觉得这里也是一处可以颐养天年的福地，但是因为仇池尚在秦州西南二百里之外，所以也仅仅是感兴趣罢了。

既然有了目标，他便找了一个熟人，就是在长安曾经帮助过他的和尚赞公，陪他一起看看。但是不知道是什么原因，他们并没有去东柯谷，而是去了距离东柯谷不远处的西枝村。后来，他寄给赞公的诗中写了当时的过程。

一昨陪锡杖，卜邻南山幽。
年侵腰脚衰，未便阴崖秋。
重冈北面起，竟日阳光留。
茅屋买兼土，斯焉心所求。
近闻西枝西，有谷杉黍稠。

亭午颇和暖，石田又足收。
当期塞雨干，宿昔齿疾瘳。
裴回虎穴上，面势龙泓头。
柴荆具茶茗，径路通林丘。
与子成二老，来往亦风流。

——杜甫《寄赞上人》

译文如下：前几天承蒙您陪同前往南山，去寻找一处栖身之地。岁月不饶人，我的腰腿都有毛病，在阴崖下居住实属不便。我想找的是一块重冈北护、终日得阳的地方，买所茅屋置点田地以终天年。那天事情虽然没有办成，但是我并没有放弃。我听说西枝村的西边有个山谷，那里长满了杉树和漆树，正午时阳光颇为和暖；后山里开辟的田土质良好，如果种上庄稼肯定能够丰收。所以我想等到雨停路干，牙疼的老病也好了以后，再邀请您和我一起去一趟西谷。我们可以徘徊在虎穴之上，观览于龙潭之侧。要是能在那里定居下来，我会在茅舍里经常备下清茶相待；也将经常踏着小路，拜访您的林丘。让我们结成“二老”，相互来往，那也是很风雅的啊！

这首诗中可以看出，当赞公陪着他去了趟西枝村没找好合适的地方之后，杜甫又听说西枝村西面的西谷是个不错的地方，所以他以诗代信，跟赞公商量，希望他能再陪自己走一遭。

3

杜甫在秦州虽然有人接济，但从他的诗中也不难看出，这种接济也并不是那么顺理成章的事情，不然的话他又何必写诗提醒人家送米，写诗央求人家送菜。在此期间，杜甫的一首《空囊》因为把“穷”写得传神而流芳百世。

翠柏苦犹食，晨霞高可餐。
世人共卤莽，吾道属艰难。
不爨井晨冻，无衣床夜寒。
囊空恐羞涩，留得一钱看。
——杜甫《空囊》

译文如下：如今的我穷困潦倒，只能餐霞食柏。这世间的人大多数都苟且偷生，我依然守道持节，过得异常艰难。严寒的冬天里早晨开不了火，井水也冻了，夜里更是觉得饥寒交迫。我穷就穷了，可是我担心我的囊空空的被别的囊耻笑，所以专门留了一文钱在里面。

这首诗的首联里有两个典故，一个出自《列仙传》中的“赤松子好食柏实”，另一个出自司马相如《大人赋》“呼吸沆瀣兮餐朝霞”。整首诗表现了诗人虽饥寒交迫却不同流俗的高尚品节。颔联则说明了囊空的原因。颈联写的是具体贫穷的现状。尾联最有意思，诗人用一种类似于黑色幽默的方法说明了无论自己多么窘迫也要为囊保留一点面子。这种写法本身就是一种反常。杜甫正是以这种貌似轻松诙谐的话，渲染自己心里沉重悲苦的情绪。

从这首诗可以看出，杜甫在秦州的生活还是非常困苦的，为了生存下去，他又开始采药到市集去卖。我们在他秦州的诗句中经常能够读到关于采药和制药的句子。他甚至想过要在太平寺泉水的下游，开辟一片药田。正所谓屋漏又逢连夜雨，就在杜甫饥寒交迫的时候，他的疟疾又发作了，身上时而热时而寒，他甚至感觉自己身上的脂髓都快要耗尽了。

疾病中的杜甫开始怀念他的友人们，他曾写诗给高适、岑参、贾至、严武，当然还有李白和郑虔。其中最为牵挂的要属李白了。自从天宝四年（745 年）他与李白分开之后，便再也没有见过面，甚至连李白的消息都很少得到。如今卧病在床，他更是一连三天梦见李白。这样的情谊使杜甫写了两首感人的描写梦境的诗。

死别已吞声，生别常恻恻。
江南瘴疠地，逐客无消息。
故人入我梦，明我长相忆。
恐非平生魂，路远不可测。
魂来枫林青，魂返关塞黑。
君今在罗网，何以有羽翼？
落月满屋梁，犹疑照颜色。
水深波浪阔，无使蛟龙得。

——杜甫《梦李白》（其一）

译文如下：死别的痛苦会随着时间而渐渐消失，生离的悲伤却更让人悲痛欲绝。听说你被放逐的地方瘴疠肆虐，而你的消息我却一点也得不到。我想你一定是感受到了我对你的思念，所以你才到我的梦中与我相见。我心里很害怕梦中的你不是你的生魂，路途太远了，什么事情都难以预料。你到我梦中来的时候要飞跃南方青绿的枫林，回去的时候还要渡过险要的秦关。你现在应该在被流放的地方身不由己，可怎么还能自由自在地飞翔呢？我一下子从梦中醒了过来，看到月光照耀在房梁上，我仿佛看见了你憔悴的容颜。江湖中水深浪急汹涌壮阔，千万别让水里的恶龙伤害了你。

浮云终日行，游子久不至。
三夜频梦君，情亲见君意。
告归常局促，苦道来不易。
江湖多风波，舟楫恐失坠。
出门搔白首，若负平生志。
冠盖满京华，斯人独憔悴。
孰云网恢恢，将老身反累。
千秋万岁名，寂寞身后事。

——杜甫《梦李白》（其二）

译文如下：天上的浮云天天飘来飘去，远方的故人却久久不能相见。最近三天我夜夜梦到你，你可知道我对你的情谊是多么深厚。每次分别你都神色匆匆，总说能来一次是多么不容易。江湖上行船总会遇到险风恶浪，很担心你的船被浪掀翻沉没。出门的时候挠着满头的白发，感慨辜负了自己平生的志向。坐着高档车子、穿着华丽衣服的权贵们塞满了京城，才华横溢的你却在江湖中容颜憔悴。谁能说天理公道不欺负人，你在迟暮之年却无辜被连累。即使将来能有流芳百世的美名，也难以补偿如今遭受的冷落和孤寂。

从这两首诗中可以看出，杜甫不知从何处听说李白已经在去往夜郎的途中溺水身亡，心中充满了思念和悲哀。接连三天梦到李白，更加表现出他对李白生死无限的怀疑和恐惧。对于这个在生死线徘徊的家庭来说，杜甫的病无疑是雪上加霜，好在还有一些邻居和朋友略有接济，才让他渡过了这个难关。但是秦州似乎已经难以成为可以维持生计的地方了。

正在这个时候，同谷县有位“佳主人”发来一封热情洋溢的信，邀请杜甫去同谷居住。杜甫可能与这个人相识，同时他又听说同谷一带盛产薯蓣，可以当作粮食来食用；山崖上特产一种非常好吃的蜂蜜，竹林里还可以挖到新鲜的冬笋。于是他在秦州逗留了三个多月之后便决定举家搬往同谷。在他动身之前，写了一首《发秦州》。这首诗有助于我们了解他当时的一些情况和想法。

我衰更懒拙，生事不自谋。
无食问乐土，无衣思南州。
汉源十月交，天气凉如秋。
草木未黄落，况闻山水幽。
栗亭名更佳，下有良田畴。
充肠多薯蓣，崖蜜亦易求。
密竹复冬笋，清池可方舟。

虽伤旅寓远，庶遂平生游。
此邦俯要冲，实恐人事稠。
应接非本性，登临未销忧。
溪谷无异石，塞田始微收。
岂复慰老夫，惘然难久留。
日色隐孤戍，乌啼满城头。
中宵驱车去，饮马寒塘流。
磊落星月高，苍茫云雾浮。
大哉乾坤内，吾道长悠悠。

——杜甫《发秦州》

译文如下：我既倒霉又懒惰，连自己的生计都很难维持，饥饿的时候就想着到富庶的地方去，天冷的时候又想去暖和的南方。听说汉源到了十月份，天气还能像初秋一样，草木的叶子都还没有完全变黄，而且听说那里的山水很幽静。那里的栗亭还因为物产丰富而著名，既有很好的良田，还特产能够当粮食吃的薯蓣，山崖上有特别香甜的野蜂蜜，竹林里能挖到新鲜可口的冬笋，宽阔的水面上能够泛舟游玩。虽然路途有点远，可能在路上要受些苦，但是我平生不就最喜欢漫游吗？秦州这个地方是个战略要塞，人多事杂，待在这里既要看官员们迎来送往，还没有什么好山水可以登临。溪谷和山林没有什么特别的景色，贫瘠的土地收成也很少。因为种种原因吧，老夫我实在待不下去了。太阳在边塞隐落，乌鸦在城头鸣叫。半夜的时候我赶着马车离开，在小溪旁边饮马。抬起头我看到天空星月高悬，苍茫大地上云雾浮动。在如此宏大的乾坤之内，我的求道之路还长着呢！

这老老小小的一家就这样披星戴月上路了。那么，这一次搬迁对于杜甫一家又意味着什么？杜甫可能也不得而知。面对前路的黑暗，他选择毅然决然地向前。秦州在他的身后渐远，杜甫一家的背影也在夜色中渐渐隐没。

第十三章
蜀　道

被人热情地骗到了同谷，一个冬天差点饿死；万般无奈，踏上了难于上青天的蜀道。

山行有常程，中夜尚未安。
微月没已久，崖倾路何难。
大江动我前，汹若溟渤宽。
篙师暗理楫，歌笑轻波澜。
霜浓木石滑，风急手足寒。
入舟已千忧，陟巘仍万盘。
迴眺积水外，始知众星乾。
远游令人瘦，衰疾惭加餐。

——杜甫《水会渡》

引　言

乾元二年（759 年）十一月，杜甫一家从秦州西南的赤谷起程，途经铁堂峡、盐井、寒峡、法镜寺、青阳峡，终于到达同谷西七十里的龙门镇。在这里，杜甫写了他在同谷的第一首诗。

细泉兼轻冰，沮洳栈道湿。
不辞辛苦行，迫此短景急。
石门雪云隘，古镇峰峦集。
旌竿暮惨淡，风水白刃涩。
胡马屯成皋，防虞此何及。
嗟尔远戍人，山寒夜中泣。

——杜甫《龙门镇》

这首诗前四句写去往龙门镇的过程中天寒水冻、栈道泥泞、旅途辛苦的情景。后八句写石门古镇关隘有天险可守，这里虽然有重兵把守，却旌竿惨淡，兵刃钝涩，防戍这个远离战场的地方，只不过是劳民伤财的事情罢了。士兵们在寒夜里思念家乡，诗人在艰难中望天嗟叹。

一路艰难地行走，杜甫一家终于到了同谷。令人不解的是，在他到达同谷之后所写的诗句中，再也没有提及与那位邀请过他的“佳主人”有关的任何信息。这对连借米都要写诗记录和感谢的杜甫来说，显然是不符合常理的。而实际上，没有了邀请人的消息，杜甫一家在同谷的日子更加困苦。他在同谷县南七八里的飞龙峡底部的凤凰村搭建了一间茅屋。隆冬季节，大雪纷纷，杜甫一家饥寒交迫，生活的辛酸悲苦均见于血泪之作《乾元二年寓居同谷县作歌七首》。

有客有客字子美，白头乱发垂过耳。
岁拾橡栗随狙公，天寒日暮山谷里。
中原无书归不得，手脚冻皴皮肉死。
呜呼一歌兮歌已哀，悲风为我从天来。

——杜甫《乾元中寓居同谷县作歌七首》（其一）

第一首诗描写了自身的窘困：在同谷有个远方来的客人叫杜子美，他花白的头发散乱在耳朵周围。尽管在大冷天，也只能从日出到日落跟在山谷里的猿猴后面捡些橡树籽来当作口粮。中原还是音信不通不能回去，他的手脚都冻开裂了，皮肉坏死。唉！唱起第一首歌来已是悲伤不已，仿佛凄凉的风从天上刮来。

长镵长镵白木柄，我生托子以为命。
黄独无苗山雪盛，短衣数挽不掩胫。
此时与子空归来，男呻女吟四壁静。
呜呼二歌兮歌始放，闾里为我色惆怅。
——杜甫《乾元中寓居同谷县作歌七首》（其二）

第二首诗描绘了全家饥饿的惨况：杜甫拄着一把白木长柄的锄头，在大雪纷飞的山里寻找埋在土里的黄独。黄独是一种野生的山芋，到了初冬苗即枯死，而根茎则埋在土里，寻找起来很困难。全家人的生命维系于此。诗人衣不蔽体，在厚厚的雪下寻找，艰难可想而知。经常是拖着锄头空手而归，归来但见儿女们饿得直叫唤。这难过的声响让草屋里静得可怕，仿佛有一股死一般的气氛，就连邻居们也为我惆怅。

有弟有弟在远方，三人各瘦何人强？
生别展转不相见，胡尘暗天道路长。
东飞鴐鹅后鹙鸧，安得送我置汝旁。
呜呼三歌兮歌三发，汝归何处收兄骨？
——杜甫《乾元中寓居同谷县作歌七首》（其三）

第三首诗怀念了他的弟弟们：自安史之乱以来，兄弟们都失散了，天各一方，自己一家在这穷山恶水的地方生不如死，不知三个弟弟此时如何生活。没有三个弟弟的消息，杜甫恨不得乘鸧鹅飞到他们身边。三次放歌，恸彻心扉，诗人哭道：“如果我饿死冻死在这深山里，日后你们恐怕连哥哥的尸骨也找不到！”

有妹有妹在钟离，良人早殁诸孤痴。
长淮浪高蛟龙怒，十年不见来何时。
扁舟欲往箭满眼，杳杳南国多旌旗。
呜呼四歌兮歌四奏，林猿为我啼清昼。
——杜甫《乾元中寓居同谷县作歌七首》（其四）

第四首诗怀念他的妹妹。杜甫有个妹妹在钟离，她丈夫早年就去世了，只留下幼小的儿女。淮河水风高浪急就像蛟龙发怒，和妹妹已经有十年未见了，也不知道什么时候才能再见。想要乘船前往相见，却因战乱难以成行，南国遥远旌旗众多。唉！第四首歌唱起的时候，树林中猿猴白日里也悲啼！

四山多风溪水急，寒雨飒飒枯树湿。
黄蒿古城云不开，白狐跳梁黄狐立。
我生何为在穷谷，中夜起坐万感集。
呜呼五歌兮歌正长，魂招不来归故乡。
——杜甫《乾元中寓居同谷县作歌七首》（其五）

第五首诗由悲弟妹又回到自身，由淮南山东又回到同谷：同谷四面山里多风，溪水水流湍急，冬天寒雨飒飒枯树被淋湿。这座黄蒿古城上空云雾晦冥化不开，因人烟稀少白狐黄狐到处欢腾跳跃。我为什么会生长在穷乡僻壤？半夜未眠坐起百感交集！唉，我唱起第五首歌，声音悠长，魂早归故乡去了，故招之不来。

南有龙兮在山湫，古木巃嵸枝相樛。

木叶黄落龙正蛰，蝮蛇东来水上游。
我行怪此安敢出，拔剑欲斩且复休。
呜呼六歌兮歌思迟，溪壑为我回春姿。
——杜甫《乾元中寓居同谷县作歌七首》（其六）

第六首诗由一身一家说到国家大局。同谷南边有龙生在万丈潭，古树的枝丫弯曲下垂。树叶枯黄飘落，龙正伏藏，东来的蝮蛇竟敢在龙湫上游泳。我对此感到非常奇怪，哪里还敢出来?！我想拔剑斩掉这怪物却犹豫不决。啊，我从容地唱起第六首歌，溪谷为我也好像带有春意。

男儿生不成名身已老，三年饥走荒山道。
长安卿相多少年，富贵应须致身早。
山中儒生旧相识，但话宿昔伤怀抱。
呜呼七歌兮悄终曲，仰视皇天白日速。
——杜甫《乾元中寓居同谷县作歌七首》（其七）

第七首诗集中抒发了诗人身世飘零之感。男子汉如果不成名很快就会老去，三年来忍饥挨饿走在荒山野岭。长安卿相都是少年人，富贵应该要趁早。山中的读书人都是旧相识，只与他们谈起那些令人很不愉快的往事。啊，我唱起第七首歌，终止了吟唱，搁笔望天，只见白日在飞速地奔跑。

通过这七首诗，我们可以看出杜甫在同谷的生活已经陷入了绝境。全家住在穷山恶水之地，只能靠难以消化的橡树种子和野生芋头充饥，还时常挖不到。大冬天衣不蔽体，孩子们痛苦得哇哇直叫。最重要的是，在同谷这个地方，没有任何人可以依靠，这一家人几乎已经挣扎在死亡线上。在这种情况下，这个可怜的家庭又踏上了逃荒之路，而这一次的目标是更为遥远的成都。

1

乾元二年（759 年）十二月，杜甫一家决定向南去往成都。我们知道在安史之乱的时候，唐玄宗离开长安之后，逃亡的地方就是成都。这是由几方面原因决定的：首先，成都位于长安的西南方向，从路线上来说比较安全，叛军的势力范围还没有延伸到这里；其次，成都处于四川盆地之中，与陕西之间有秦岭这个天然屏障，几乎不可能受到战乱的波及；最后，成都物产丰富，甚至整个四川地区都是一个富饶之地，在这里物质生活比较有保障。杜甫大概是考虑到了这些，所以才做了去往成都的决定。从启程到到达成都，诗人又写了十二首纪行诗，这为后人研究他颠沛流离的踪迹留下了珍贵而翔实的资料。他的《发同谷县》题下注释说："乾元二年十二月一日，自陇右赴成都纪行。"可以看出来，他离开同谷的日子是十二月一日。前文已经知道，杜甫从秦州来同谷的时候已经是十一月了，可见他们全家在同谷居住的时间不超过一个月。他原本打算来同谷定居，哪里想到来也匆匆去也匆匆，事与愿违，难以安身，所以就在这离别时的第一首诗中大发感慨。

贤有不黔突，圣有不暖席。
况我饥愚人，焉能尚安宅。
始来兹山中，休驾喜地僻。
奈何迫物累，一岁四行役。
忡忡去绝境，杳杳更远适。
停骖龙潭云，回首白崖石。
临岐别数子，握手泪再滴。
交情无旧深，穷老多惨戚。
平生懒拙意，偶值栖遁迹。
去住与愿违，仰惭林间翮。

——杜甫《发同谷县》

诗意如下：相传孔子和墨子热心世事，忙忙碌碌地各处奔走，每到一处席子还没有睡暖，烟囱还没有熏黑便要离开，去往下一个地方。圣贤之人为了世人都要这样奔波，何况我这样又穷又蠢笨的人，怎么能够在家里安心地待着呢？刚来这里的时候，我很喜欢山里的幽静，无奈被生计所累，这一年来春天的时候从洛阳到华州，秋天从华州到秦州，冬天从秦州到同谷，如今又要从同谷入蜀，先后经历了四次艰难的旅程。离开这个地方，其实还挺舍不得的。停下车来再看一看万丈潭的水和白崖山的奇石，离开的时候与邻居们道别，与大家双手紧握，眼泪忍不住滴了下来。交情的深浅并不分什么新旧，又老又穷的我本性疏懒，也不愿离开这个地方，但是实在没有办法像鸟儿一样自由自在地栖息。

通过这首诗，我们可以设身处地地想象一下，诗人当时的境遇是多么无奈。一个头发花白的老人，带着妻子和儿女在寒冷的冬天上路，既没有厚衣保暖，也没有食物果腹，一路的艰难险阻不必言表。可以说，入蜀的每一步这一家人都在拿命相搏。这些贫苦的邻居们自然知道这一次分别差不多就是永别了，但此时也只能用眼中的泪来送别这一家人。

杜甫一家与凤凰村挥手告别，下一站来到了木皮岭。木皮岭在同谷县东二十里的地方，道路极其难行，是入蜀的必经之路。杜甫在这里作《木皮岭》，记录了冬日旅行的不易和木皮岭道路的艰险。

首路栗亭西，尚想凤凰村。
季冬携童稚，辛苦赴蜀门。
南登木皮岭，艰险不易论。
汗流被我体，祁寒为之暄。
远岫争辅佐，千岩自崩奔。
始知五岳外，别有他山尊。
仰干塞大明，俯入裂厚坤。
再闻虎豹斗，屡局风水昏。
高有废阁道，摧折如短辕。

下有冬青林，石上走长根。

西崖特秀发，焕若灵芝繁。

润聚金碧气，清无沙土痕。

忆观昆仑图，目击悬圃存。

对此欲何适，默伤垂老魂。

——杜甫《木皮岭》

译文如下：离开凤凰村后，我来到了栗亭西面的木皮岭，此时我心中仍然挂念着凤凰村的山水和邻人。大冬天带着年幼的孩子，不惧辛苦地去往蜀地，木皮岭向南的道路艰险到无法描述的程度。在这寒冬腊月，我累得汗流浃背，一点凉意都没有了。远看山峰似乎比较低矮，但山势相连，好像群山都要竞相奔走而来，辅佐这木皮岭成为一方至尊。所有的山都险峻极了，千岩万石四处涌来，但又好像无处安放寄托，像要随时崩塌瓦解一样。这才让我知道天下的山并不只是五岳最为雄伟，眼前这座木皮岭的气势竟一点也不差。抬头看木皮岭仰天而上，可以堵塞日月；低头看木皮岭俯冲而下，可以插裂厚土。偶尔还能听到虎、豹这样的猛兽搏斗时发出的可怕吼叫，还能看到山风搅动着云烟在昏暗地飘移的景象。这里还有废弃的古蜀栈道，凌乱散落，如同车子的辕木一样断裂开来。木皮岭虽然险峻，但很秀美，一片片冬青林覆盖群山，就连石头上都盘裹着植物的根。再看西面的山崖尤其清秀，如同一丛巨大繁茂的灵芝。那里山形舒展，木石莹润，不见沙土，整个崖壁在金色和碧绿的植物层层点染下显得特别繁茂。这一带山林旖旎，壮美得宛若神话中的昆仑天都的悬圃。面对这样的美景，我又何去何从呢？面对前途，更让我老魂神伤。

这首诗以木皮岭的险峻和秀美来影射诗人复杂的心情：成都虽然是一方热土，可是毕竟远离了政治中心长安和洛阳，换句话说就是远离了杜甫的梦想和壮志。当他投身到这样的大自然之中，自然感觉到了自身的渺小和山川的壮丽，同时他还承受着沦落天涯的凄苦与人生选择的逼仄以及对未来前途的无知，眼前的山川似乎能够包容他、懂得他。当他用尽全身力气登上山巅的时候，仿佛看到了昆仑仙境。但同时，他也明白，不论是眼前的美景还是神山昆仑都不是他能够驻留的地方。他不想离去，却又欲留不得，虽然找到了净土，但也只能黯然神伤。

2

翻越木皮岭之后，杜甫一家人继续向四川行进，首先面临的便是嘉陵江。此次旅途，杜甫两次渡过嘉陵江，写出了《白沙渡》和《水会渡》两首纪行诗。在《白沙渡》中，诗人写道“天寒荒野外，日暮中流半”，可见诗人是在日暮的时候从白沙渡过江；又写道“临风独回首，揽辔复三叹”，可见渡过嘉陵江之后，诗人依然是忧思百结，心中充满了对中原地区的留恋和对远离政治中心的不甘。在《水会渡》中有“迥眺积水外，始知众星乾”的诗句，可见是在深夜行船。这两首诗从日暮和黑夜两个不同的时间角度描绘了嘉陵江的浩渺和湍急的波涛，但相同的是两首诗都体现了诗人对前途的迷茫和对未来的担忧。过江之后，迎接杜甫的是一段极为险要的栈道，栈道位于江峡绝壁之上，是古人在无路可走的情况下创造的一种道路：先在临江峭壁的岩石上开凿出一个个孔穴，再往孔中插入一根根横木，这样横木成排，再用绳索连接，然后在横木下方用立木进行支撑。由于立木的一头插在江水中，受到江水日夜冲击，经常会倒掉，横木也要经受风雨四季洗剥，也不是特别结实，所以栈道的险要是所有人都知道的。可是这处栈道是当时入蜀的必经之路，杜甫欲往蜀地，除此别无选择。这段路无论对谁来讲都是最为难行的一段路，杜甫带着一家老小步履蹒跚地踟蹰于云雾间的这条生死线上，走过了好几段又长又险的路段。他用四首诗记录了这惊心动魄的一段段路程。飞仙阁是杜甫所经历的第一段栈道，诗中写了登上栈道所见的景象。

土门山行窄，微径缘秋毫。
栈云阑干峻，梯石结构牢。
万壑欹疏林，积阴带奔涛。
寒日外淡泊，长风中怒号。
歇鞍在地底，始觉所历高。
往来杂坐卧，人马同疲劳。
浮生有定分，饥饱岂可逃。
叹息谓妻子，我何随汝曹。

——杜甫《飞仙阁》

诗意如下：土门之上，登阁道的山路狭窄。栈阁高耸入云，外面有栏杆保护，又用石头砌成梯子一样陡峭的道路，虽然极为险峻但是看起来也很坚固。山谷中生长着稀疏的林木，阴沟里是奔流的波涛，寒日在山谷外悬挂着淡影，长风在山谷中嚎叫。等来到低洼处歇息的时候，回过头才发现刚才走过的地方真是高啊！来来往往的人群混杂在一起，有的人坐着，有的人干脆躺着小憩一会儿，人和马都疲惫不堪。如果说人一生的遭遇都是老天注定的，那么命中注定的饥饿又岂是能够逃避的？我禁不住对着妻子叹息：既然如此，我们何必历经如此艰险去成都呢？

这可能是在极度疲劳的情况下，诗人心中暗自打了几下退堂鼓，实际上当他们恢复了体力之后，又继续向着成都的方向出发了。接下来要过的是五盘栈道，这段栈道架设在七盘岭上，五盘是指栈道盘曲有五重。这段栈道虽然艰险，但胜在景色幽静，他在《五盘》中写道：“地僻无网罟，水清反多鱼。好鸟不妄飞，野人半巢居。”杜甫看到此处民风淳厚，心中颇为高兴，然而这只是一时间被美景所吸引。他虽然身处明山秀水之中，但立刻又想起了被叛军占领的洛阳和失散的弟弟妹妹，于是在这首诗的后半部分又写道：“东郊尚格斗，巨猾何时除。故乡有弟妹，流落随丘墟。”东郊指的是东都洛阳，巨猾指的是叛军史思明。年初的时候，史思明占领了洛阳，杜甫的老家又沦为敌占区，他虽然退逃到了这里，但是心中对国家的担忧依然不减，诗人的爱国之心可见一斑。紧接着，杜甫又到了龙门阁。龙门山在利州绵谷县东北八十二里处，龙门阁栈道就建设在这座山的绝壁之上。这段栈道下临嘉陵江，极为高险，着实让杜甫惊出一阵冷汗。

清江下龙门，绝壁无尺土。
长风驾高浪，浩浩自太古。
危途中萦盘，仰望垂线缕。
滑石欹谁凿，浮梁袅相拄。
目眩陨杂花，头风吹过雨。
百年不敢料，一坠那得取。
饱闻经瞿塘，足见度大庾。
终身历艰险，恐惧从此数。

——杜甫《龙门阁》

译文如下：龙门阁栈道的下面是清澈的嘉陵江水，陡峭的石壁上连一点泥土都没有。长风驾驭着高高的浪花在奔驰，自从开天辟地以来应该就是这样吧！危险的栈道在空中萦绕盘旋，抬头仰望就像是悬挂着一根细细的线。光滑的石壁上是谁上去凿的孔洞，安装起细长柔软的阁梁支柱一排排。杂花从上面落下来，让我头晕眼花，雨吹了过来使我风寒发作头痛欲裂。人生百年生死难料，一旦我从这里坠落下去连尸体都不知道该去哪里寻找。如今有了这种亲身的体验，就懂得过瞿塘峡、过大庾岭的滋味了。与这里相比，过去所经历的那些困难险阻都算不了什么，这一生最令人感到恐惧的事情要从今天开始计数。

石柜阁栈道是杜甫经历的最后一个栈道，也许是经历了前面几个栈道的严峻考验，胆气也粗壮了不少，所以在经过这最后一段栈道的时候心境平和了不少，竟然有心思去欣赏山间的野花、水中的奇石和江上的鸥鸟了。他在《石柜阁》中写道："季冬日已长，山晚半天赤。蜀道多早花，江间饶奇石。石柜曾波上，临虚荡高壁。清晖回群鸥，暝色带远客。”可见此时杜甫一行对栈道这种惊险的路已经习惯了。可世事总是如此，当你习惯了一种状态的时候，这种状态也即将成为过去。走过了石柜阁栈道，杜甫一家关于栈道的行程就算走完了。紧接着，他们来到了江边上的橘柏渡口。这个渡口上有一座用竹索架起来的长桥，杜甫到达的时候，江面上雾气弥漫，厚重的湿气把整个竹索桥都浸得湿漉漉的。远远望去，一家老小互相搀扶着战战兢兢地行走在摇摇晃晃的桥上。他写的诗中记录了当时的情景。

青冥寒江渡，驾竹为长桥。
竿湿烟漠漠，江永风萧萧。
连笮动袅娜，征衣飒飘飖。
急流鸨鹢散，绝岸鼋鼍骄。
西辕自兹异，东逝不可要。
高通荆门路，阔会沧海潮。
孤光隐顾眄，游子怅寂寥。
无以洗心胸，前登但山椒。

——杜甫《桔柏渡》

诗意如下：寒冷的江面仿佛连接着天空，在江面之上有一座竹索架起来的长桥。在湿漉漉的雾气下，竹桥也被打湿了。宽阔的江面上风声呼啸，整座桥都在风中颤颤巍巍的，桥上行人的衣裳随风飘扬。在这样的激流中，即便是鸨这样的大鸟和鹢这样的水鸟都待不住，陡峭的岸边只有鼋鼍在嬉戏。这些日子总是沿着嘉陵江行走，走到这里，就要与这一江水分开。想到眼前这滚滚江水不久之后就会通过荆江的水道，波澜壮阔地与海潮汇合，我不禁临渊顾盼，神往不已。既然没有办法舀来脚下的江水洗涤我的心胸，那还是继续赶路，去翻越那一座一座的高山吧！

可见，通过在嘉陵江畔这几天的艰苦跋涉，诗人反而与这条大河有了很多的感情，临别之时，还引发了他东游的想法。

3

告别嘉陵江之后不久，杜甫一家到达了剑门关。剑门关在今天四川剑阁县东北二十五里处，分大剑山和小剑山。两山紧密相连，东临嘉陵江，西接五指山，绵亘一百多里；北面全是千仞峭壁，如刀削斧劈；南面山峰林立。据《大清一统志》中记载："四川保宁府：大剑山在剑州北二十五里。其山削壁中断，两崖相嵌，如门之辟，如剑之植，故又名剑门山。"诗人见此关地势险要，心中担忧会有狂徒割据蜀地，以此为天险据守，祸国殃民，作《剑门》诗。

惟天有设险，剑门天下壮。
连山抱西南，石角皆北向。
两崖崇墉倚，刻画城郭状。
一夫怒临关，百万未可傍。
珠玉走中原，岷峨气凄怆。
三皇五帝前，鸡犬各相放。
后王尚柔远，职贡道已丧。
至今英雄人，高视见霸王。
并吞与割据，极力不相让。
吾将罪真宰，意欲铲叠嶂。
恐此复偶然，临风默惆怅。

——杜甫《剑门》

译文如下：老天爷在人世间设下了一些艰难险阻，剑门关便是这些险阻中最险峻的。群山连绵就像怀抱一样保护着西南，山上的石头犄角都指向北方。两座山崖犹如相互并列的两堵高墙，岩石上纹理纵横，竟然刻画出城郭的形状。这里确实是一夫当关、百万人马都无法靠近的地方。四川乃是富饶之地，奈何蜀人困于诛求，珠玉财宝都外流到中原去了，连岷山、峨眉山也仿佛暗含悲怆之气。回想在三皇五帝的时代，蜀地鸡犬之声相闻，百姓过着安居乐业、亲密无间的生活。自秦开金牛道，后代君王务以柔远，设宫纳贡致使淳朴的风俗中断。从此，蜀地就进入了多事之秋，一直到今天为止，难免有一些想称王称霸的人物，仍想着要占据蜀地，分裂江山。王者要吞并，霸者要割据，你争我夺，互不相让。我要谴责老天爷，真想铲平这导致世道战乱的重山叠嶂！想到割据一方的事情将来有可能发生，我不禁临风惆怅，惶恐无语。

此时的杜甫没有想到的是，两年之后，他的担忧果然出现了，蜀地果有段子璋、徐知道、杨子琳等叛逆作乱。从这里也可以看出，杜甫确实有经世之才，天下形势了然于胸，有很强的预见性。

过了剑门关之后，继续向西南方向行走，在经过鹿头山的时候发现群山已经在身后，广袤的平原出现在眼前。这一家人不由得长出一口气，最艰难的行程终于走完了！鹿头山在四川德阳县北三十余里，这里距离成都大约还有一百五十里。杜甫站在山上，远眺着目的地成都，想到当年刘备曾据此三分天下，想到这里曾经养育了两个著名的文人扬雄和司马相如，心中颇为感慨。于是，他以鹿头山为题，写了一首纪行而又兼发议论的诗。在诗中他写“殊方昔三分，霸气曾间发。天下今一家，云端失双阙”，描绘了昔日三国鼎立，如今天下归一，当时蜀都那高耸入云的双阙早已经消失了，也表达了希望此处能够长治久安的情怀。紧接着，他又写道：“悠然想扬马，继起名硉兀。有文令人伤，何处埋尔骨。”这里的“扬马”指的是扬雄和司马相如，这两位都是成都人，他们的文章已经名传千古，却不知二人埋葬在何处，想象起来，让人伤感。最后还提到了当下成都的长官——成都尹裴冕，写道：“冀公柱石姿，论道邦国活。”称赞裴冕是朝廷柱石，有振国安邦的大才。实际上裴冕其人才德平平，与杜甫也是旧识，杜甫写诗称赞，自然是到了人家的地盘，希望得到人家的帮助，这也是人之常情。

一百五十里平坦的路程对于已经走过了漫长难行之路的杜甫一家来说，实在没有什么值得感慨的。当他们沐浴着夕阳的余晖走进成都的时候，已经是这年腊月月末。虽然到达了行程的终点，但是当他想到以后将长期驻留此地，心中又不免有些惆怅。他看到天空的鸟雀尚且有家可归，而自己却离家乡越来越远，眼前虽然屋舍华丽，城墙高耸，可终究不是自己心中的乐土，思乡之情油然迸发，写出了从同谷到成都的第十二首纪行诗。

翳翳桑榆日，照我征衣裳。
我行山川异，忽在天一方。
但逢新人民，未卜见故乡。
大江东流去，游子去日长。
曾城填华屋，季冬树木苍。
喧然名都会，吹箫间笙簧。
信美无与适，侧身望川梁。
鸟雀夜各归，中原杳茫茫。
初月出不高，众星尚争光。
自古有羁旅，我何苦哀伤。

——杜甫《成都府》

译文如下：黄昏的时候暮色苍茫，夕阳的余晖照在我的身上。这一路的行程让我看遍了山川河流的变换，仿佛一瞬间就来到了天的另一方。这里所遇到的都是陌生人，不知道什么时候才能再见到我的故乡。大江尚能浩浩荡荡向东流去，客居异乡的日子却过得如此漫长。成都府里华丽的房舍四处林立，纵然已经是寒冬腊月，树木却依然苍苍。这是人声鼎沸的大都市，到处是歌舞升平、吹拉弹唱的景象。这样的生活却并不适合我，只好侧身远眺远处的山川。夜幕落下，天上的飞鸟都各回各家了，战火纷纷的中原却杳无音信。细细的月牙慵懒地斜挂在天边，连星星似乎都在与月亮争光。自古以来客居他乡的人有的是，我又何必独自哀愁悲伤。

乾元二年（759年）对杜甫来说是充满苦难的一年，也是他一生中最为颠沛流离的一年，从洛阳到华州，从华州到秦州，从秦州到同谷，再从同谷到成都，杜甫靠着一匹老马和一双老腿走过了三千多里的路程，无数次由希望变为失望，无数次在死亡线上挣扎，心中的苦闷更不必多言。然而从艺术创作来讲，这一年的许多作品却达到了杜甫的最高成就。从“三吏”“三别”“二叹”到《发秦州》《凤凰台》，再到《发同谷县》《成都府》，都是杜甫一千多首留存下来的诗歌中的经典，其中的一些篇目还被收录进今天的教材中，为我们认识那个时代提供了珍贵的历史素材。

第十四章
草　堂

东讨西凑，在浣花溪畔建起了草堂，就这样把一块荒地变成了文化圣地……

我生性放诞，雅欲逃自然。
嗜酒爱风竹，卜居必林泉。
遭乱到蜀江，卧疴遣所便。
诛茅初一亩，广地方连延。

——节选自杜甫《寄题江外草堂》

引　言

在成都府西侧七里的地方，有一条幽静的小溪，名叫浣花溪。传说这条溪边住着一个农家的美丽姑娘，心地十分善良。有一天，她在溪畔的深潭里洗衣，遇到一个遍体生疮的过路僧人，突然跌进水里，他爬起来脱下沾满泥水的袈裟，请求姑娘给他洗洗。姑娘欣然应允。当她在潭中洗涤僧袍的时候，僧衣每一漂动，就有一朵朵荷花随手涌现出来。霎时潭中和溪水里就漂满了荷花。旁边的人们十分惊异，正要向和尚询问时，却不见了和尚踪影。大家知道遇到了神仙，从此就把姑娘浣僧衣之处的潭水称为百花潭，把这段河流称为浣花溪。乾元二年（759 年）年底，杜甫一家老小来到成都之后，便寓居在浣花溪畔的草堂寺中。当时他的旧友高适正在距离成都不远的彭州出任刺史，听说杜甫来到了成都，便写了一首诗来问候他。

传道招提客，诗书自讨论。
佛香时入院，僧饭屡过门。
听法还应难，寻经剩欲翻。
草玄今已毕，此外复何言。
——高适《赠杜二拾遗》

诗大意如下：听说你虽然客居在草堂寺中，却仍然在讨论儒家的诗书。你在院子里就能听到佛法，僧人们还会拿斋饭给你吃。如今你已经像扬雄仿《易经》作《太玄》那样成就了你的哲学论著，从此以后你还将写些什么呢？

杜甫经历了一年的颠沛流离，初来乍到，寄居在寺庙里，连个安身之处都还没有，哪里谈得上什么读书、写作。高适之所以这么说，不过是朋友间的善意调侃罢了。但是高适这首诗却告诉我们，杜甫初来成都之后是暂住在寺庙里的，而且高适对杜甫当时的境况并不十分了解，只是听说友人到附近了，以诗代简慰问一下。杜甫接到高适的问询，心中自然是激动的。毕竟刚到一个陌生的地方，迫切需要联系一些友人，以寻求一些帮助，他连忙写了一首诗回寄给高适。

古寺僧牢落，空房客寓居。
故人供禄米，邻舍与园蔬。
双树容听法，三车肯载书。
草玄吾岂敢，赋或似相如。
——杜甫《酬高使君相赠》

这首诗与高适寄来的诗句句对应。空房对客居，表示无诗书可以讨论。故人供米，邻舍赠菜，表示没有在寺庙里蹭饭。虽然自己处境艰难，要依靠亲戚朋友们的接济才能度日，但创作上并没有中断，而且颇为自信。

杜甫大概在寺庙中一直住到了乾元三年（760 年）开春。在这期间，他联络了不少过去有点旧交的人，也得到了他们的帮助。开春之后，杜甫便有了定居的想法，开始筹备在附近盖几间茅草房。他在《卜居》中就表达了这个意思。

浣花流水水西头，主人为卜林塘幽。
已知出郭少尘事，更有澄江销客愁。
无数蜻蜓齐上下，一双鸂鶒对沉浮。
东行万里堪乘兴，须向山阴上小舟。

——杜甫《卜居》

译文如下：浣花溪的西岸林堂清幽，我打算就在这里建设我的茅屋。这里远离城市便可以减少很多尘俗之事，何况还有澄江可以消解我的忧愁。你看眼前有无数的蜻蜓上下飞舞，一对鸂鶒在溪水里沉沉浮浮的。这里的水路便利，可以航行万里直通吴会，我也可以乘舟东下，重游东吴。

很明显，这是杜甫在为草堂选址，他选了浣花溪西侧这么一个有树林有池塘、风景秀丽的地方。更可贵的是，附近还有三国孔明送费祎去东吴告别时的万里桥，可以说既有自然景观又有人文历史，可见在为草堂选址方面诗人也是费了一番苦心的。

1

杜甫想要筹建草堂，在解决了选址问题之后，亟待解决的便是经费问题。这时候，他的一位在成都府当司马的表弟王十五了解到这些情况后，拿出一些钱来资助他，杜甫喜出望外，便写了一首诗来表达感谢之意。

客里何迁次，江边正寂寥。
肯来寻一老，愁破是今朝。
忧我营茅栋，携钱过野桥。
他乡唯表弟，还往莫辞遥。
——杜甫《王十五司马弟出郭相访，兼遗营茅屋赀》

译文如下：客居的过程很不自在，我在江边正觉得无聊呢，你肯来找我这老头儿，可真让我高兴。你为我想盖草堂的事情担忧，还亲自拿着钱，出了城过了一座野桥，大老远给我送来。在这远离故乡的地方，我就只有你这一位表弟，还希望你今后要不辞劳累，和我常来常往。

可能是有了开工的资金，杜甫便干劲十足地开工了。他一边搭建茅屋，一边四处索要东西。他向一个叫作萧石的县令索要桃树苗，便有诗句："奉乞桃栽一百根，春前为送浣花村。河阳县里虽无数，濯锦江边未满园。"（《萧八明府堤处觅桃栽》）意思是说：贵县的桃树李树多得数不清，濯锦江边我这园子里还没种满。请您赶紧派人在春前送一百棵桃树树苗到浣花村来。他还向绵竹县令韦续索取该县特产绵竹："华轩蔼蔼他年到，绵竹亭亭出县高。江上舍前无此物，幸分苍翠拂波涛。"（《从韦二明府续处觅绵竹》）又向绵谷县尉何邕索要桤树苗："草堂堑西无树林，非子谁复见幽心。饱闻桤木三年大，与致溪边十亩阴。"（《凭何十一少府邕觅桤木栽》）桤树长得很快，种上一片在草堂西侧遮阴，既可以劈上一些枝杈当柴烧，又可以摘些嫩叶子晒干了当茶叶喝，看起来杜甫还是挺会打算的。接着他又向涪江县尉韦班索求松树苗："落落出群非榉柳，青青不朽岂杨梅。欲存老盖千年意，为觅霜根数寸栽。"（《凭韦少府班觅松树子栽》）向住在果园坊的徐卿要果树苗："草堂少花今欲栽，不问绿李与黄梅。石笋街中却归去，果园坊里为求来。"（《诣徐卿觅果栽》）他说草堂里的花果很少，所以不管是李子还是梅子，只要是果木都要。"石笋街中却归去"，说明是杜甫亲自到石笋街果园坊徐家登门相求的。索要这些树木一方面是要装点草堂，另外也有以果备荒的打算。杜甫毕竟是挨过饿的人，在逃荒的途中也难免用野果来充饥，深深知道果树的重要性。

除了这些花果树木，他还曾向韦班要过大邑县烧的瓷碗："大邑烧瓷轻且坚，扣如哀玉锦城传。君家白碗胜霜雪，急送茅斋也可怜。"（《又于韦处乞大邑瓷碗》）他说大邑县烧制的瓷器很好，又轻巧又结实，敲起来声音就像玉石一样清脆，整个成都的人都赞誉。听说您家里的瓷碗白得像雪一样，赶紧给我送到草堂来。从这一系列讨要东西的诗句可以想象，杜甫刚刚安家，起锅立灶，锅碗盆勺，所需要的物料一定不少，只是这些不可能件件都写进诗里，所以我们也就无从得知了。但是，从已经留存的这些诗篇中，我们仍然不难想象到杜甫草堂初建时候的景象。

大概春末的时候，草堂终于建成了。对于在乱世中流亡的人来说，有个安身之处是多么幸福的事情，何况在这么优美的浣花溪畔。这就难怪杜甫坐在院子里，禁不住要愉快地咏唱了。

背郭堂成荫白茅，缘江路熟俯青郊。
桤林碍日吟风叶，笼竹和烟滴露梢。
暂止飞乌将数子，频来语燕定新巢。
旁人错比扬雄宅，懒惰无心作解嘲。

——杜甫《堂成》

译文如下：白茅盖成的草堂背向城郭，俯瞰着青葱的郊野；沿江的小路已经走得熟悉了。草堂外有一片桤树林，桤林茂密遮挡了强烈的阳光，叶子在微风中低声吟咏；笼竹枝梢青翠欲滴。有只乌鸦带领着几只小乌鸦来这里定居，一些燕子也商量着要在这里筑巢。有人把草堂比成汉代扬雄的草玄堂，这可是不对的！一方面我是一个懒惰之人，另一方面我也无心像扬雄那样作《解嘲》这样的文章。

这首诗中给我们传达了一些信息，那就是杜甫写诗讨要的那些东西基本上都要来了，而且送来的树苗还都是比较粗壮的，不然怎么可能刚刚种下就成林成荫了呢？一个初来乍到、满头白发的老头，既无官职在身也没有多大的名望，在郊区建一座茅草房，竟然可以动用方圆几百里内的好几位官员和士绅，这显然不符合逻辑。但是别忘了，成都府的行政长官、成都尹裴冕可是杜甫的故交，所以可以推断，杜甫初来成都的这段时间和裴冕是有一些来往的，裴冕也给了他不少提携。这首诗的最后两句说不跟扬雄比，其实已经在跟扬雄比，谈笑间扬扬得意的感觉呼之欲出。

2

草堂建成以后，杜甫终于安定了下来，开始过起田园生活。这里远离战乱，风景雅致，诗人劳累的心情也得到了放松，他甚至有了在这里长期定居下去、终身务农的打算。

锦里烟尘外，江村八九家。
圆荷浮小叶，细麦落轻花。
卜宅从兹老，为农去国赊。
远惭勾漏令，不得问丹砂。

——杜甫《为农》

这首诗的意思是说：成都不在战乱之中，我定居的这个小村子有八九户人家，圆圆的小荷叶附在河面上，小麦花轻轻飘落。我打算就在这里安居乐业，终身务农，不再回故乡了，也不再考虑什么国家大事了。

羞愧那葛洪因炼丹之名而得到一个勾漏令，连炼丹求长生我都懒得去说了。这时，他种菜栽药，饮酒赋诗，访人待客。由于有做官的朋友接济，生活上也算是自由自在。在此期间，杜甫写了不少颇具安恬情味的田园诗，其中比较有代表性的要属《江村》。

清江一曲抱村流，长夏江村事事幽。
自去自来堂上燕，相亲相近水中鸥。
老妻画纸为棋局，稚子敲针作钓钩。
但有故人供禄米，微躯此外更何求？

——杜甫《江村》

译文如下：清澈的江水曲曲折折地绕村流过，长长的夏日里，村中的一切都显得幽静。草堂梁上的燕子自由自在地飞来飞去，水中的白鸥相亲相近，相伴相随。我的老妻正在用纸画一张棋盘，我的小儿子敲打着针打算做一只鱼钩。只要有老朋友给一些钱米，我还有什么再奢求的呢？

杜甫写妻子孩子的诗不算少，但其中大多数描写的是两人分开的时候对妻子的思念，至于他的妻子是一个什么样的人，则很少有描述，史书中也缺乏对杨氏的记载。不过我们通过这首诗可以看出来，杜甫的妻子也是受过良好教育的，至少也是通棋理的。过去的那些年，两个人聚少离多，即便是在一起的时候，也是为生计而操劳，很少有这样的闲情逸致。这从侧面反映出在浣花溪畔定居的这段日子是他们前半生中难得的闲适和惬意的时光。遇到天气好，又有兴致的时候，他也常常到房前屋后和附近的村子里去转转，正如他在《田舍》中所写："田舍清江曲，柴门古道旁。草深迷市井，地僻懒衣裳。榉柳枝枝弱，枇杷对对香。鸬鹚西日照，晒翅满渔梁。"田舍、柴门、深草、杨柳、枇杷、鸬鹚构成了一幅初夏江村夕照的美丽画卷，一个个鲜明的感官形象跃然于画卷之中。此时的杜甫心情是平静的，视野更是宽阔的，他能从自然界的一切生物中，看到令他羡慕的东西，他能用不同的视角来阐述所看到的世界。在他的眼中，鱼儿和燕子是“细雨鱼儿出，微风燕子斜”，夜晚的幽静是“云掩初弦月，香传小树花”。

这年秋天，他还乘坐一艘小船，沿着浣花溪绕着村子走了一圈，做了一次“巡礼性”的游览。

落景下高堂，进舟泛回溪。
谁谓筑居小，未尽乔木西。
远郊信荒僻，秋色有余凄。
练练峰上雪，纤纤云表霓。
童戏左右岸，罟弋毕提携。
翻倒荷芰乱，指挥径路迷。
得鱼已割鳞，采藕不洗泥。
人情逐鲜美，物贱事已睽。
吾村霭暝姿，异舍鸡亦栖。
萧条欲何适，出处无可齐。
衣上见新月，霜中登故畦。
浊醪自初熟，东城多鼓鼙。

——杜甫《泛溪》

译文如下：太阳偏西的时候，我有机会溯溪西行游览，谁说我卜居的地方狭小，树林西边的地方我至今还没有走过呢！远郊确实荒凉而偏僻，满目的秋色有一种凄凉的感觉。只有那西岭白皑皑的常年积雪和天空纤纤的虹霓可以观赏。溪水的两岸有不少儿童，他们有的带着网和箭捕鱼射鸟；有的在挖藕采菱角，把荷叶和菱叶都翻得乱七八糟。在他们的引导下我开始行船，哪知道反而迷了路，可能怕我经过他们捕鱼的地方，妨碍了他们的捕鱼大业吧。你看他们一旦捕到了鱼，就把鱼鳞刮掉，挖出来的藕连泥也不洗，不知道为什么他们这么看贱这些好东西。

我们的村子在苍茫的暮色中呈现出朦胧的轮廓，这时候连别人家的鸡都进窝了。在这样萧条的夜晚还能到什么地方去？该回去就回去吧！回到草堂，已经是月上霜飞的时候了。米酒刚刚热好，就此开怀畅饮吧。听！这隐隐约约的鼓声，不是从东边的成都城里传来的吗？

这首诗中最出彩的地方当属“童戏”开始的八句，这幅童趣的景象描写得就像生活本身一样杂乱而不加修饰。其实这已经过了诗人的艺术加工，把不爱干净、不知鲜美可贵甚至把藕菱叶子糟蹋得不像样子的乡村孩童描写得那么聪明和可爱，这无疑让心事重重的杜甫感到可爱又可羡。

3

成都是一座有着悠久历史的文化古城，这里有着众多著名的名胜古迹。杜甫作为一个诗人，年轻的时候曾经在吴越和齐赵间访山川、觅古迹、结良友，如今安顿下来之后，空暇之余也会探访一些这里的古迹。他曾瞻仰过成都南郊的武侯祠，留下了一首流芳千古的诗《蜀相》。

丞相祠堂何处寻？锦官城外柏森森。
映阶碧草自春色，隔叶黄鹂空好音。
三顾频烦天下计，两朝开济老臣心。
出师未捷身先死，长使英雄泪满襟。

——杜甫《蜀相》

译文如下：何处可以找到武侯诸葛亮的祠堂？就在成都城外那柏树茂密的地方。绿草照映着台阶呈现出自然的春色，树上的黄鹂隔枝空对婉转鸣唱。定夺天下的先主曾三顾茅庐拜访您，您连续辅佐了两朝，开国与继业可以说是忠诚满腔。可惜出师伐魏未捷而病亡军中，这使得历代英雄们都涕泪满衣襟！

在这首诗中，杜甫对诸葛亮雄才大略、辅佐两朝、忠心报国大为称颂，也生动地表达了他出师未捷身先死的惋惜之情。诗中既有尊蜀正统的观念，又有对自己才困时艰的感慨，字里行间寄寓着感物思人的情怀。全诗由景至人，由寻找瞻仰到追述回顾，由感叹缅怀到泪流满襟，顿挫豪迈，几度层折。全诗所怀者大、所感者深，雄浑悲壮，沉郁顿挫，具有震撼人心的巨大力量。

在成都西门外有两根石笋，一南一北，相传是用来镇海眼的，如果被触动，就会引起海水倒灌。杜甫认为这是无稽之谈，写了一首《石笋行》予以揭露。这首诗中有这样的诗句：“惜哉俗态好蒙蔽，亦如小臣媚至尊。”直接说出了人民受到蒙蔽，接受了这种迷信，还讽刺了教唆肃宗排挤旧臣的“关中小儿”李辅国。

在城南三十五里有战国时期秦蜀郡太守李冰做的五头石犀，说是用来镇压水妖的。千年来，蜀人总夸口说有这五头石犀，就不会有洪水暴涨。这年七月，大雨成灾，洪水冲走了灌口的不少人家。杜甫认为这是因为蜀人迷信石犀的传说，不加防范所导致的恶果，作《石犀行》以破除之，诗中有句：“终藉堤防出众力，高拥木石当清秋。先王作法皆正道，鬼怪何得参人谋。”这是告诉大家防洪抗灾要依靠自己的力量修筑堤防、高拥木石，与石犀是没有任何关系的。无论从什么角度来说，这些思想都是有进步意义的。

在浣花溪北面，有一座琴台，相传是汉代大辞赋家司马相如和卓文君贳酒处。杜甫也曾登临此台，临风遐思，作《琴台》诗，追羡其风流韵事，“野花留宝靥，蔓草见罗裙”，想象台边的野花、蔓草均为卓文君留下的倩影，可以说是构思奇特、情韵深长。

除了寻访古迹，杜甫偶尔也会参加一些社交活动，结交一些风雅之士。草堂的北侧住着一户人家，这家的主人是一位隐退的县令，杜甫跟他关系极好，经常串门，正如《北邻》所写：“明府岂辞满，藏身方告劳。青钱买野竹，白帻岸江皋。爱酒晋山简，能诗何水曹。时来访老疾，步屧到蓬蒿。”可见这是一位风雅旷达的文士，爱喝酒，能作诗，不惜花冤钱买野竹栽种，时常穿着草鞋来草堂探看生病的杜甫。杜甫南边的邻居是一位姓朱的隐士。此人家境比较贫寒，正如《南邻》中所说：“锦里先生乌角巾，园收芋栗未全贫。惯看宾客儿童喜，得食阶除鸟雀驯。”乌巾乃是隐士之服，表示这位邻居是位隐士。“未全贫”实际上指出了这位隐士的清贫，同时又说明这位邻居日子虽然过得紧巴，心肠却很好，时常拿些饭粒喂养阶前的鸟雀，鸟雀们跟他混得很熟。

当时有一位以画马著称的画家韦偃也寓居在成都，杜甫非常欣赏他的画作和为人。韦偃也很崇敬杜甫的诗才。这一天，韦偃要离开成都，特意来草堂与杜甫告别，依依惜别之际，杜甫请他在草堂的墙壁上画马留念。韦偃拿起笔来，一挥而就，两匹骏马顷刻之间便出现在墙壁上。杜甫被画作震撼的同时又有感于好友的别离，略加思考便题诗一首。

韦侯别我有所适，知我怜君画无敌。
戏拈秃笔扫骅骝，欻见骐驎出东壁。
一匹龁草一匹嘶，坐看千里当霜蹄。
时危安得真致此，与人同生亦同死。

——杜甫《题壁上韦偃画马歌》

大意如下：韦侯向我告别要去往他处，他知道我非常喜欢他的画作，便随手拿起笔来在草堂东面的墙壁上画了两匹骏马，一匹马正在低头吃草，另一匹马却昂首长嘶。像这样四蹄可以践踏霜雪的良马，毫无疑问是可以日行千里，并能承担重任的。国家目前处于危急存亡之时，到哪里能寻找到像画中一样的千里马，同英勇的人们同生共死、匡济时危呢？

杜甫在说墙壁上的马，其实也是在表达自己老骥伏枥、志在千里的决心。从此处也不难看出，杜甫从未真正放下过对国家和人民的担忧。纵然他心中十分清楚，他自己的政治前途已经是山穷水尽、穷途末路，但他这种爱国之心，实在是感人肺腑，可敬可叹。

第十五章 江　畔

有房之后，生活虽不容易，但也还算惬意；谁料到一场大风之后，房顶都给掀掉了……

江深竹静两三家，多事红花映白花。
报答春光知有处，应须美酒送生涯。
——杜甫《江畔独步寻花》(其三)

引　言

杜甫来到成都投奔的主要对象是时任成都尹的裴冕。实际上乾元三年（760 年）三月，也就是草堂刚刚建成之后，裴冕便被调离成都去往长安。这也是杜甫后来的诗句中再也没有出现过裴冕的原因之一，当然最重要的原因还是杜甫内心并不认可裴冕。虽然在《鹿头山》中称赞他是朝廷柱石，夸他满腹经纶，但这是因为要投靠人家，巴结几句也是理所应当的事情。裴冕离开之后，杜甫的朋友中尚在蜀中做官的一个是彭州刺史高适，一个是巴州刺史严武。这两个人，一个是梁宋漫游时的旧友，一个是长安房琯的同僚，与杜甫的关系自然是非常深厚的。这年秋天，杜甫的生活遇到了困难，便趁着崔御史去彭州之便，托人家捎带了一首非常直白的求援诗。

百年已过半，秋至转饥寒。
为问彭州牧，何时救急难。
——杜甫《因崔五侍御寄高彭州一绝》

秋至是收获的季节，杜甫在这样的季节“转饥寒”，可见流浪在外的人没有生计，生活是多么艰难。从这首诗的直白程度来看，高适和杜甫的关系非同一般，当他接到这封求援信之后定会马上送些钱粮过来。但是受人接济毕竟不是长久之计，如果偶然遇到接济不及时，生活就会出现问题。

万里桥西一草堂，百花潭水即沧浪。
风含翠筱娟娟净，雨裛红蕖冉冉香。
厚禄故人书断绝，恒饥稚子色凄凉。
欲填沟壑唯疏放，自笑狂夫老更狂。
——杜甫《狂夫》

译文如下：在万里桥的西侧就是我的草堂，平时很少有人来往，大多数都是百花潭与我相伴。我也是随遇而安，这水就像是沧浪之水一样。和风吹拂着门前翠绿的竹子，显得秀美而洁净；飘雨清洗着粉红的荷花，散发出阵阵清香。我那些当大官拿厚禄的朋友们也已经很久没有联系了，总是饿肚子的小儿子，脸色非常凄凉，这让我这当父亲的既愧疚又感伤。我这把老骨头都快要扔到沟里面去了，既没有一官半职也没有钱财，只剩下一些狂放了，自己放声大笑啊！当年的狂夫老了却更加狂了！

靠人接济度日，只要一时没赶上趟就会忍饥挨饿，对杜甫来说，这是非常现实的问题。万般无奈之下，他可能又开始重操旧业，售卖草药补贴家用。有一次，他卖药归来，从城里回到草堂，作诗《西郊》。

时出碧鸡坊，西郊向草堂。
市桥官柳细，江路野梅香。
傍架齐书帙，看题检药囊。
无人觉来往，疏懒意何长。
——杜甫《西郊》

根据《梁益记》记载，成都之坊，百有二十，第四为碧鸡坊。《益州记》中说，成都县西南四里，有市桥，名为冲星桥。可见出城西南的碧鸡坊，走四里过市桥，再向西走三里即到草堂，市桥边柳树依依，江边的小路上野梅花散发着清香。回到草堂之后，把架子上的书籍整理整齐，然后再检查一下药囊，看看还剩下多少药没有卖出去。这一路行来都没有遇到什么认识的人，自来自往，无限舒畅。

杜甫曾在《进三大礼赋表》中说："顷者卖药都市，寄食友朋。"想必到了成都之后，为了生存他又开始重操旧业，到集市上去售草药。但是我们不难看出同样是生活遇到了困难，同样是售卖草药换点口粮，但是在长安时期的杜甫和在成都时期的杜甫心境是完全不一样的。如果是长安时候的杜甫，自然不会写出"官柳细"和"夜梅香"这样美好而又惬意的句子。

1

上元元年（760 年）秋天，高适从彭州调到蜀州做刺史，杜甫便趁机去探望这位老友。在去探望之前，他先给高适寄了一首诗。

当代论才子，如公复几人？
骅骝开道路，鹰隼出风尘。
行色秋将晚，交情老更亲。
天涯喜相见，披豁对吾真。
——杜甫《奉简高三十五使君》

这是一首代简之作，先称赞高适才华卓越，如今身居高位，可以实现自己的志向。然后告诉他自己已经起身前去探望他，很快就可以在天涯聚会谈心。诗中的“行色秋将晚”，表示杜甫动身的时候已经是深秋了。两人多年未见，如今他乡遇故知，更觉情亲。而且高适是从王缙手中接任蜀州刺史的，王缙是诗人王维的弟弟，本身也颇有诗名。王缙与高适可能刚刚办完交接手续，组织上还没有新的安排，所以暂时还没有离开蜀州，也是因为如此，才有了二人相见的机会。随后，他在蜀州与裴迪同游城东南七十里属县新津时，曾和着裴迪赋的诗写了一首诗来寄赠给王缙。

何限倚山木，吟诗秋叶黄。
蝉声集古寺，鸟影度寒塘。
风物悲游子，登临忆侍郎。
老夫贪佛日，随意宿僧房。
——杜甫《和裴迪登新津寺寄王侍郎》

诗中大意是说：您倚山木而吟诗悲秋，又有何恨？虽说古寺里面蝉声鸟影，秋水凄凉，故人足念，而我则不然，我今天游览这寺院，感悟到了解脱的道理，这几乎让我忘了如今已经是草枯叶黄的深秋。

第二年春天的时候，杜甫重游新津县时写出了名句：“寺忆曾游处，桥怜再渡时。江山如有待，花柳更无私。”

杜甫应该是游览完新津寺之后，便回到了成都草堂。回来不久后，杜甫与一位友人会面，对方在送给杜甫的诗中有“穷秋一挥泪，相遇即诸昆”的句子，可见杜甫在秋天便回到了成都。回到成都之后，杜甫一直闲居在草堂之中，后来收到裴迪寄来的一首诗《登蜀州东亭送客逢早梅相忆》（诗已失传）。杜甫有和诗。

东阁官梅动诗兴，还如何逊在扬州。
此时对雪遥相忆，送客逢春可自由。
幸不折来伤岁暮，若为看去乱乡愁。
江边一树垂垂发，朝夕催人自白头。
——杜甫《和裴迪登蜀州东亭送客逢早梅相忆见寄》

译文如下：蜀州东亭，盛放着官梅，你诗兴勃发，写出了动人的诗篇，就像当年咏梅扬州的何逊。此时此刻，我远望窗外的雪景，自然遥遥相思，何况赶上送别客人，恰逢腊梅迎春，不由想起故人。多亏你没有把梅花折下来寄给我，这才免得勾起我岁末伤情；赏阅折梅，怎么忍受得了那乡愁缭乱，思绪纷纷。这里的江边，也有一棵梅花，渐趋吐蕊，朝朝暮暮，催得我白发丝丝、繁霜染鬓。

写完这首诗之后，应该快到过年了。这是草堂建立之后杜甫一家过的第一个年，也是离开洛阳和长安之后过的第一个年，想必杜甫一定是悲喜交加、百感交集。可惜并无诗歌留存，我们只能凭空猜测了。好在好友高适并没有忘了杜甫，不久之后杜甫就收到了高适寄来的一首情真意切的诗。

人日题诗寄草堂，遥怜故人思故乡。
柳条弄色不忍见，梅花满枝空断肠。
身在远藩无所预，心怀百忧复千虑。
今年人日空相忆，明年人日知何处。
一卧东山三十春，岂知书剑老风尘。

龙钟还忝二千石，愧尔东西南北人。

——高适《人日寄杜二拾遗》

译文如下：正月初七这天写了这首诗寄向成都草堂。虽然我们没有在一起，我也知道我的老友也一定在思念故乡。柳枝已经泛绿了，梅花更是开满了枝头，可这些景色只能增加我们心中的悲伤。我们都身处偏远的南方，无法参与朝堂大事，心中空有百般担心和千般忧虑。此时此刻，我们彼此犹能这样互相回忆，明年的今天还不知道身处何方。转眼间在东山已经度过了三十个春秋，哪里料到书剑飘零终老风尘。老态龙钟还辱居高位，拿着二千石的俸禄，对你这位四处流离的友人心中充满了愧疚！

这首诗，没有华丽的辞藻，也没有刻意雕琢的警句，有的只是浑朴自然的语言，发自肺腑的真情流贯全篇。那抑扬变换的音调，很好地传达了起伏跌宕的感情，诗句之所以感人，主要是它饱含着特定的历史内容，把个人遭际与国家命运紧密联结起来。这首写给杜甫的诗也是高适晚年诗作中最动人的一篇。杜甫接到这首诗时，竟至“泪洒行间，读终篇末”（《追酬高蜀州人日见寄并序》）。

2

这年从春天到夏天，杜甫除了再次到新津游览之外，大多都闲居在成都草堂。在此期间，他创作了一些以正常心理和常规手法反映生活风貌的诗篇。其中最著名的要属那首描写春雨的《春夜喜雨》了。

好雨知时节，当春乃发生。
随风潜入夜，润物细无声。
野径云俱黑，江船火独明。
晓看红湿处，花重锦官城。

——杜甫《春夜喜雨》

译文如下：好雨似乎会挑选着时间降下来，春天万物萌生之际它便如期而至。它来的时候伴随着和风，悄悄地进入夜幕；细细密密，滋润了大地万物。浓浓的雨云，笼罩着田野小路；只有江上的船中一点灯火独明。明早再看带露的鲜花，成都满城必将繁花盛开。

南方多雨水，春雨更是频繁。杜甫初到成都的时候，看到春雨连绵，恐生涝灾，难免腻烦和恐惧。如今住了一年多了，便渐渐体会出春雨和春水的美好。北方的春雨固然也是好的，但是始终会有一些灰扑扑的感觉。南方的雨水却清爽灵净，一场春雨过后，远望成都，似乎也能看到繁花盛开。

除了《春夜喜雨》之外，还有《江畔独步寻花七绝句》也非常有名。

黄四娘家花满蹊，千朵万朵压枝低。
留连戏蝶时时舞，自在娇莺恰恰啼。
——杜甫《江畔独步寻花》（其六）

黄四娘大概是杜甫草堂附近的一户邻居。她家附近的路上开满了鲜花，千朵万朵把花枝都压低了。流连忘返的蝴蝶在花朵上翩翩起舞，自由自在的黄莺这时也恰好开心地啼叫起来。我们说“文如其人”，此时杜甫的心情应该是非常畅快的，你看他把眼前的景物写得多美。再看下一首。

不是爱花即欲死，只恐花尽老相催。
繁枝容易纷纷落，嫩蕊商量细细开。
——杜甫《江畔独步寻花》（其七）

不是爱花我真想马上去死，可见爱花之深。只是害怕鲜花开尽的时候人也老了。枝头上繁盛的花朵容易飘落，那些嫩蕊能不能商量一下慢慢地开放？可见杜甫心思很细密，观察这些细小事物的变化，证明心态非常平稳。审美的心态需要一种相应的社会心态和所处的环境。身处美如画的浣花溪畔的杜甫，在梦幻般的花丛中展现了灵魂深处的真情。

3

成都草堂虽然幽美安逸，但也会经历风雨。上元二年（761 年）秋天，一场巨大的风雨之后，草堂周围遭到了毁灭性的破坏，先是附近的一棵百年楠树被大风连根拔起，然后是杜甫的茅屋也被风吹得摇摇欲坠。他的两首诗描写了这场秋风之后草堂附近的惨状。

倚江楠树草堂前，故老相传二百年。
诛茅卜居总为此，五月仿佛闻寒蝉。
东南飘风动地至，江翻石走流云气。
干排雷雨犹力争，根断泉源岂天意。
沧波老树性所爱，浦上童童一青盖。
野客频留惧雪霜，行人不过听竽籁。
虎倒龙颠委榛棘，泪痕血点垂胸臆。
我有新诗何处吟，草堂自此无颜色。

——杜甫《楠树为风雨所拔叹》

大意如下：草堂前的江边有一棵楠树，据说已经有二百年树龄了。我就是因为特别喜欢这棵树，所以才把草堂建在这里的。它的树荫可以让我避开霜雪，微风吹拂树叶发出来的声音也非常悦耳。每当有人经过这里，都会舍不得离开。今天我亲眼看到它和雷雨进行了一场惨烈的搏斗，最终被连根拔起，就像虎倒龙颠似的倒在荆棘丛中。这实在是太让我伤心了，眼中的泪都带着鲜血。想到草堂从此失色，我纵然有新诗也无处咏叹了。浦起龙说："'虎倒龙颠'，英雄失路；'泪痕血点'，人树兼悲；‘无颜色’，收应老辣。叹楠耶，自叹耶？殷仲文有言：‘树犹如此，人何以堪！’”杜甫对这棵树一见倾心，自入住草堂以来，可以说朝夕相对，风雨与共，情深意浓。正是因为如此，他把树当成了人，看成了自己的知音。每当喝醉酒的时候，他便在树下小憩，片刻之后酒便会醒。如今老树倾覆，宛若老友离去，诗人写起诗来，自然是声情悲切，寄托深长了。没有了楠树的庇佑，杜甫的茅草屋也没能逃脱被风吹破的命运。

八月秋高风怒号，卷我屋上三重茅。
茅飞渡江洒江郊，高者挂罥长林梢，下者飘转沉塘坳。
南村群童欺我老无力，忍能对面为盗贼，公然抱茅入竹去。
唇焦口燥呼不得，归来倚杖自叹息。
俄顷风定云墨色，秋天漠漠向昏黑。
布衾多年冷似铁，娇儿恶卧踏里裂。
床头屋漏无干处，雨脚如麻未断绝。
自经丧乱少睡眠，长夜沾湿何由彻。
安得广厦千万间，大庇天下寒士俱欢颜，风雨不动安如山。
呜呼！何时眼前突兀见此屋，吾庐独破受冻死亦足！

——杜甫《茅屋为秋风所破歌》

译文如下：秋深八月，狂风怒号，我屋顶上好几层茅草都被风刮走了。茅草乱飞，有的被吹过浣花溪，散落在对岸江边。飞得高的茅草缠绕在高高的树梢上，飞得低的飘飘洒洒沉落到池塘和洼地里。南村的一群小孩欺负我年老没力气，竟忍心这样当面做“贼”抢东西，肆无忌惮地抱着我家的茅草跑进自己家里去了。我嘴唇干燥也喝止不住，只能回来后拄着拐杖，独自叹息。过了一会儿，风停了，天空中的乌云像墨一样黑，深秋的天空阴沉迷蒙，渐渐黑下来了。我家的被子盖了好多年了，又冷又硬，像块铁板似的。小儿子睡觉也不老实，把被子都给蹬破了。狂风后的秋雨突然就下起来了，屋顶漏水，屋内没有一点儿干燥的地方，房顶的雨水还像麻线一样不停地往下漏。自从安史之乱之后，我睡眠的时间很少，长夜漫漫，屋漏床湿，这样的日子何时是个头啊?!怎么才能够得到千万间宽敞高大的房子，让天下贫寒的读书人都能在房子里得到庇护，让他们开颜欢笑？这样的房子在多大的风雨中也不会被损坏，安稳得像是山一样。唉！什么时候眼前出现这样的房屋，到那时即使我的茅屋再破，我自己受冻而死也心甘情愿啊！

《茅屋为秋风所破歌》这首千古名篇为大多数人所熟识，普遍认为这首诗写在杜甫特别倒霉、特别穷困潦倒的时候，可实际上，这个时期是杜甫近二十年以来生活最好、最安定的时候。在狂风中，他美好的田园变成了破败的田园。即使这样，在他的心中所挂念的依然是天下人。孟子曾经说过："老吾老，以及人之老；幼吾幼，以及人之幼。"也就是说，做人要爱自己的孩子和父母，然后要把这种爱推广到别人的孩子和别人的父母身上。而杜甫显然已经超越了这个境界，在他还没有能力来保护自己孩子的时候，他心中首先想到的仍然是别人。这是在一个黑暗的雨夜里，一个诗人用他火热的仁者情怀，对处在凄风苦雨中的天下寒士表达出的无私关怀。

风雨拔掉了楠树、弄破了草堂，也扫掉了诗人春夏以来因为闲适而得到的兴致和浪漫主义的情怀。他的《百忧集行》就是在这种醉醒梦回、重新面对现实之时所发出来的感叹。

忆年十五心尚孩，健如黄犊走复来。
庭前八月梨枣熟，一日上树能千回。
即今倏忽已五十，坐卧只多少行立。
强将笑语供主人，悲见生涯百忧集。
入门依旧四壁空，老妻睹我颜色同。
痴儿未知父子礼，叫怒索饭啼门东。

——杜甫《百忧集行》

译文如下：记得我十五岁的时候，无忧无虑，心智还很稚嫩，可是体魄健壮，精力充沛。每当八月梨枣成熟的时候，一天能爬树上千回。如今已经年过半百，气力衰减，行动不便，大多数的时候都只能坐着或躺着。想我一生不甘俯首低眉，如今老了还要强颜欢笑，奉承别人，忍不住悲从心生，忧伤满怀。一进家门，看着空空如也的四壁，依然一贫如洗。老夫老妻相对无言，满面愁容。只有还不懂事的小儿子，看到你回来，便挤在厨房的门口，气鼓鼓地要饭吃。

杜甫的思绪不得不回到现实中来，茅屋需要修葺，妻儿需要养活，纵然不甘“供主人”，但除此之外，又能有什么办法呢？文人受穷，诗人遭难，这是时代的悲歌。

第十六章
严　武

严武来了，日子好了；严武走了，日子难了。送别的时候也能遇到兵变，再次流落异地，这是命运的旨意还是老天的玩笑？

秋尽东行且未回，茅斋寄在少城隈。
篱边老却陶潜菊，江上徒逢袁绍杯。
雪岭独看西日落，剑门犹阻北人来。
不辞万里长为客，怀抱何时得好开。

——杜甫《秋尽》

引　言

肃宗元年（761年）十月，时任成都尹的崔光远因为不能制止花敬定掠民的暴行，被朝廷怒责，忧愤而死。朝廷让高适暂代成都尹的职位。听说高适能够来到成都，杜甫非常高兴，可是当时他有病在身，不便前去拜访，就连忙写诗给一个叫王抡的侍御，希望他邀请刚到成都的高适一起来草堂一叙。

老夫卧稳朝慵起，白屋寒多暖始开。
江鹳巧当幽径浴，邻鸡还过短墙来。
绣衣屡许携家酝，皂盖能忘折野梅。
戏假霜威促山简，须成一醉习池回。

——杜甫《王十七侍御抡许携酒至草堂，奉寄此诗，便请邀高三十五使君同到》

译文如下：老夫睡得安稳，早上慵懒不愿起床，白茅盖的房屋里面非常寒冷，到了天气暖和的时候才开大门。江边的鹳鸟，恰巧对着幽径在水里嬉戏，邻家的鸡又从矮墙上飞了过来。您曾经屡次许诺携带家酿美酒来看我，可是一直也没有来，可能是公事繁杂，没有时间吧。难道那个位高权重的高使君，也忘记了要来这里折野梅花了吗？要是您能倚仗着御史的霜威，敦促咱们这位征南将军山简命驾，那就在我这里权当习家池的草堂里大醉一场，我才肯放你们回去。

王抡接到这首诗之后，很快就带着美酒，邀请了高适一起来草堂看望杜甫。王抡以前就曾携酒来看过杜甫，此次又带着酒来，高适自然也会带份礼品。诗友相聚，把盏赋诗，故人相聚之乐，尽在草堂里传出的欢声笑语之中。这次相聚王抡和高适均没有诗作留存，杜甫的诗句却流传了下来。

卧病荒郊远，通行小径难。
故人能领客，携酒重相看。
自愧无鲑菜，空烦卸马鞍。
移樽劝山简，头白恐风寒。

——杜甫《王竟携酒，高亦同过，共用寒字》

译文如下：我在远郊卧病在床，这里通行的小路很难走，好在有你王抡能领着高使君，带着美酒来这里看我。让我羞愧的是，没有什么好的酒菜来招待你们，还得让你们给我带东西来。我还是劝高使君多喝几杯发散发散吧，年纪大了的人最怕受风寒了。

与高适和王抡欢聚前后，有两位友人到草堂来拜访杜甫，其中一位是杜甫在凤翔任拾遗时的同僚吴郁，另一位是范邈。不巧的是，这两位来的时候，杜甫没在家，便没能遇见。杜甫回来之后，深感歉意，便写了一首诗致歉，诗中有“暂往比邻去，空闻二妙归”和“论文或不愧，肯重款柴扉”的句子。

两个月之后，严武被任命为成都府尹兼御史大夫，高适仍然回蜀州做刺史。严武与杜甫为世交，在长安的时候也同朝为官，感情非常要好，他的到来给杜甫的生活带来了起色，也让杜甫重新看到了一丝实现理想的希望。

1

代宗宝应元年（762 年）开春的时候，严武刚来到成都任职不久，便写诗邀请杜甫到城中小聚。

漫向江头把钓竿，懒眠沙草爱风湍。
莫倚善题鹦鹉赋，何须不著鵕鸃冠。
腹中书籍幽时晒，肘后医方静处看。
兴发会能驰骏马，应须直到使君滩。

——严武《寄题杜二锦江野亭》

大意如下：杜二你经常在江边钓鱼，还喜欢懒洋洋地躺在草地上欣赏流水。你可不要仗着自己有祢衡即席作《鹦鹉赋》的才华，就不来朝廷做官。你现在没事的时候大概也会在太阳下晒你腹中的诗书吧！葛洪曾经抄过《肘后备急方》四卷，你一定是偷偷看这些医方了。你要是有兴趣的话，能骑着快马到我这里来，那才好呢。

从诗中可以看出，严武非常认可杜甫的才华，刚到成都安顿下来，便邀请杜甫出仕，做他的幕僚。杜甫收到这首诗后很高兴，同时也仔细考虑了严武的邀请。也许是当时身体情况并不太好，他写诗婉言拒绝了出仕的邀请，同时邀请严武到他的草堂做客。

拾遗曾奏数行书，懒性从来水竹居。
奉引滥骑沙苑马，幽栖真钓锦江鱼。
谢安不倦登临费，阮籍焉知礼法疏。
枉沐旌麾出城府，草茅无径欲教锄。
——杜甫《奉酬严公寄题野亭之作》

这首诗是与前面那首诗和对而作。严武说：你还是出来做官吧！杜甫说：过去我当拾遗的时候忝掌供奉，经常骑着沙苑坊监的良马奉引御驾，后来因为仗义执言替房琯说话而遭贬，从此以后我就心甘情愿隐居在这竹林水旁，早就没有再出仕的想法了。严武说：河边钓鱼，懒睡沙滩，你真的甘心就这样过日子吗？杜甫说：我生性就是这样疏懒的，跟阮籍一样，为礼法之事所不容。如今闲居在草堂，真的是在这里钓锦江的鱼。这种生活如今我已经习惯了，也就不想再改变了。严武说：你要是有兴趣，就来我这里玩玩吧！杜甫回答：你像谢安一样喜欢登山临水，要是你能亲自来草堂，那我马上在这茅草丛生、无路可寻的门前清出一条路来欢迎你。严武收到杜甫诗后，果然带了一队随从，浩浩荡荡地往浣花溪走去。在草堂中，两人把酒言欢，自不在话下，杜甫也写诗记录了这件事情。

元戎小队出郊坰，问柳寻花到野亭。
川合东西瞻使节，地分南北任流萍。
扁舟不独如张翰，白帽还应似管宁。

寂寞江天云雾里，何人道有少微星。

——杜甫《严中丞枉驾见过》

大意如下：严武带着随从来到西郊附近，一路打听着来到这里。你是统管东西两川受人尊敬的使节，我是南北漂泊的流萍。我不独如驾扁舟而弃官的张翰，还应该似戴黑帽而避世的管宁。在寂寞的江面上，天空广阔云雾弥漫之际，又有谁会提起这颗似隐士的少微星？

从诗中可以看出，严武似乎再次邀请杜甫出仕，但是杜甫还是拒绝了。

此后，杜甫与严武的交往非常频繁，严武时常带着几个随从到浣花溪畔与杜甫小聚，杜甫也曾陪着严武在西城共赏晚霞。他们偶尔会到溪边垂钓，有时干脆带着美酒佳肴和厨师在竹林里野炊。杜甫虽然没有答应严武出仕的要求，但是对他的政事也很关心，他曾受邀参加过府尹厅中的宴会，观阅《蜀道画图》，赋诗咏叹西蜀的形势，写出了“华夷山不断，吴蜀水相通”的名句。

从肃宗上元二年（761 年）冬到次年春，成都一带遇到了旱灾，杜甫认为“谷者百姓之本”，写了《说旱》一文，呈献给严武。这篇文章中说，这一次旱灾可能是因为牢狱中冤案太多，导致怨气凝结所致。建议严武重新审理监狱里的囚犯，对死刑犯之外的犯人法外开恩，这样怨气一消，甘霖自然会降临。他还指出，蜀地百姓的苛捐杂税太多了，应该适当减轻。再有，建议减免兵丁家中的赋税，并且应该派遣官吏去慰问那些鳏寡孤独的老人们。可能是因为杜甫在严武心中本身就很有地位，再加上严武初任成都尹，也需要拉拢民心，所以对文中的建议有所采纳。比如，他把一些服役很久的兵丁放归务农，就得到了百姓的赞扬。在春社日，杜甫出游，被一些农夫邀请一起喝酒，酒过三巡，大家都打开了话匣子，开始称赞新府尹严武。杜甫回家之后，便写了一首《遭田父泥饮美严中丞》来记录这件事情。

步屧随春风，村村自花柳。
田翁逼社日，邀我尝春酒。
酒酣夸新尹，畜眼未见有。
回头指大男，渠是弓弩手。
名在飞骑籍，长番岁时久。
前日放营农，辛苦救衰朽。
差科死则已，誓不举家走。
今年大作社，拾遗能住否？
叫妇开大瓶，盆中为吾取。
感此气扬扬，须知风化首。
语多虽杂乱，说尹终在口。
朝来偶然出，自卯将及酉。
久客惜人情，如何拒邻叟。
高声索果栗，欲起时被肘。
指挥过无礼，未觉村野丑。
月出遮我留，仍嗔问升斗。

——杜甫《遭田父泥饮美严中丞》

译文如下：在春风的伴随下到郊外散步，每一个村子都是一片片红花绿柳。田翁说春社日快要临近了，无论如何都要让我去他家尝春酒。喝到酒酣处，他开始赞颂新上任的成都府尹，说从来没有见到过这样的好官。回头指着他的大儿子说：他原来是一个弓箭手，名字登在飞骑兵的军籍上，服兵役的年月也最长久。前几天被允许回家务农，这才救了辛辛苦苦的老朽。以后就算差役赋税重得逼人致死，我发誓也不把全家搬走。今年社日，一定要好好热闹一番，不知您能留在这里吗？接着招呼他的老伴儿，把大酒瓶打开，用大盆为我盛酒。这种扬扬的意气令人感动，爱民正是为官的首要条件。他天马行空地说了很多话，夸奖府尹始终不离口。清晨出游，偶然来到他家，却从卯时到酉时喝了一天酒。

长久做客应爱惜人的友情，我哪能拒绝他的挽留？他高声叫人拿取果栗，我几次告辞他都拉住我的臂肘。看他指手画脚强留看起来似乎无礼，但我不觉得村里老头粗鄙呆丑。月亮出来时他还一再挽留我，并生气地问我喝酒管它几升几斗。

也许此时此刻，老天真的眷顾蜀中的百姓，一场大雨应时而下。这场雨解除了旱情，诗人大喜，专门写了一首《大雨》表示祝贺。

西蜀冬不雪，春农尚嗷嗷。
上天回哀眷，朱夏云郁陶。
执热乃沸鼎，纤絺成缊袍。
风雷飒万里，霈泽施蓬蒿。
敢辞茅苇漏，已喜黍豆高。
三日无行人，二江声怒号。
流恶邑里清，矧兹远江皋。
荒庭步鹳鹤，隐几望波涛。
沉疴聚药饵，顿忘所进劳。
则知润物功，可以贷不毛。
阴色静陇亩，劝耕自官曹。
四邻耒耜出，何必吾家操。

——杜甫《大雨》

这首诗写得可以说畅快淋漓，全为大雨解除农民旱苦而发。“风雷飒万里，霈泽施蓬蒿”，蓬蒿指的是居身于蓬蒿之中的农民，诗人把视点落在农民身上，从农民的角度来歌颂大雨。“敢辞茅苇漏，已喜黍豆高”，说的是即使自己的茅屋被浇漏也毫无怨言，只为雨中的黍豆长高而欣喜。这是何等苦己利人的高尚情操！“荒庭步鹳鹤，隐几望波涛。沉疴聚药饵，顿忘所进劳”，可能是心情好了百病俱消的原因，诗人伏在靠几上眺望着汹涌的波涛，看着在雨中闲庭信步的鹳鹤，连每日必服的药物也停了。可见此时，杜甫的心已牢牢地与庄稼、农民连在了一起。

2

对于杜甫来说，严武在成都的日子是生活最有保障的；对于草堂来说，严武在的时光也是最热闹的。但是好景不长，宝应元年（762年）四月，玄宗和肃宗相继去世，代宗继位，新帝想要重用严武，便下诏命严武入朝。杜甫听说这个消息之后，心情非常复杂，写了《奉送严公入朝十韵》鼓励严武。

鼎湖瞻望远，象阙宪章新。
四海犹多难，中原忆旧臣。
与时安反侧，自昔有经纶。
感激张天步，从容静塞尘。
南图回羽翮，北极捧星辰。
漏鼓还思昼，宫莺罢啭春。
空留玉帐术，愁杀锦城人。
阁道通丹地，江潭隐白蘋。
此生那老蜀，不死会归秦。
公若登台辅，临危莫爱身。

——杜甫《奉送严公入朝十韵》

译文如下：瞻望鼎湖，江山邈远；新帝继位，法度更新。四海之中仍然是多难之秋，朝廷顾念你这位旧臣。你如今应时而起，可以安抚君王的忧心。你从来都是具备治国的才能的。你慷慨奋发壮大国运，从容地平定了西蜀的边争。如今就要从蜀地返回京都，去朝廷辅佐新君。夜间听着漏鼓声盼望天明启程，心中计算着入朝应在宫莺罢啭的时辰。这里空留着你的用兵之术和成都人民的万分愁苦。你将行经栈道进入朝廷，我仍在江边隐居犹如白色的浮萍。这辈子哪能老死在蜀地？如果不死，一定要回到关中跟你一样效忠朝廷。你若能够登上台辅之位，危急关头切莫只顾惜自身！

可见新帝的登基和严武的入朝又点燃了杜甫报国的希望。杜甫自小便有“致君尧舜上”的远大志向，多年来一直报国无门，这次得以寄托厚望于世交挚友。当一个人的思想已经超脱自我、超脱小家，甚至超脱国家达到追求生命的意义这样崇高的境界时，就不大会拘泥于“府主”“州民”之类世俗的考虑了，但这也只有不忘初心、矢志不渝的人才能如此吧。

根据《新唐书·严武传》中记载，严武这次还朝后曾“求宰相不遂”，可见杜甫所言并非无稽之谈，也进一步说明虽然离开朝堂已久，但杜甫对朝政的了解依然不浅。

严武起身上路，杜甫深情相送，从成都一直送到绵州。途中严武写《酬别杜二》来酬答杜甫送给他的诗：“未效风霜劲，空惭雨露私”，表达了自己未能靖乱却独蒙新帝召见，心中感到愧疚；又说“但令心事在，未肯鬓毛衰”，表达了自己的志向，并应答了杜甫的“临危莫爱身”的叮嘱。遥想在长安之时，杜甫和严武都因为是房琯的同党而遭到肃宗排挤，如今严武得到了回归长安的机会，两个人一嘱一答，尽显政治上的默契。到达绵州之后，绵州刺史见长官前来，自然要好好招待，于是在江边设宴接风，一场宴席从日落吃到东方发白。两人本计划在绵州分别的，可是实在不舍，杜甫一直送到绵州城外三十里的奉济驿，才与严武依依惜别，作《奉济驿重送严公四韵》赠送给严武。

远送从此别，青山空复情。

几时杯重把，昨夜月同行。

列郡讴歌惜，三朝出入荣。

江村独归处，寂寞养残生。

——杜甫《奉济驿重送严公四韵》

译文如下：远送你到这里之后，我们就要分别了，青山空自惆怅，倍增离情。什么时候我们才能够再次举杯共饮？昨天夜里我们还在月色中同行。各郡的百姓都讴歌你，不忍心你离去。你在三朝为官，多么光荣。送你走后我只能独自回到江村，寂寞地度过剩下的岁月。

这首诗把两人的离别之情挥洒得天高地远。远处的高山似乎是有意挡住好友的去路，多情地把他挽留，明月中满满寄托着挂念之情。这种尚未离别心已挂念的友情，可以说充满了伤感，也充满了至深的情感。

3

与杜甫分开之后，严武继续往长安方向行走到巴山，杜甫则回到了绵州。不料剑南兵马使徐知道起兵造反，封锁了成都和进出川的要道。严武滞留在巴山，杜甫也只能在绵州暂留。徐知道原本是成都少尹兼侍御史，严武离开成都之后，他就把严武的官衔全都加在自己的身上，趁着成都空虚之际，派兵占领了剑门关，把援军阻挡在剑门关之外。杜甫从同谷入蜀的途中，路经剑门关，写诗《剑门》表达对蜀地会有人叛乱的担忧，如今不过三年光景，担忧成真。而自己与家人也被阻隔在绵州和成都两地。当时杜甫住在涪水东津的公馆里，在那里常常能看到渔人们在江中划船拉大网截江捕鱼，一网下去就能捕到几百条鱼，不觉间竟然对鱼动起了恻隐之心，几天之内连写了《观打渔歌》和《又观打渔》两首诗。诗中有云“渔人漾舟沈大网，截江一拥数百鳞”，说明是截江捕捞；又用“君不见朝来割素鬐，咫尺波涛永相失”来感慨是人的贪婪和可耻的欲望，让鱼儿从此离开了水，就差那么一点儿，就再也够不着那浩渺的波涛。“咫尺”何其短，“波涛”何其阔，

“永”又何其长，对照之下，更显得生命的悲哀！

蜀中的叛乱恐怕一时之间难以平复，杜甫又心系家人。他得知汉中王李瑀在梓州，他与李瑀也算旧识，便打算前去投奔。梓州距离成都比较近，说到底杜甫还是希望可以早日归家。在去梓州之前，他先写了几首诗去拉关系。

西汉亲王子，成都老客星。
百年双白鬓，一别五秋萤。
忍断杯中物，只看座右铭。
不能随皂盖，自醉逐浮萍。
——杜甫《戏题寄上汉中王三首》（其一）

译文如下：您汉中王是皇帝嫡亲的王子，我是成都的老客星。咱俩都已经两鬓苍苍，年纪加起来超过了百岁。我们自长安一别至今已有五年了，如今即将再聚，本打算多喝几杯，哪料到您竟然戒酒了，只是整天盯着那戒酒的座右铭来看。不能追随您太守的车驾去赴没有酒的宴会，那就让我在萍梗漂流的客旅中自饮自醉去吧。

杜甫既然有投奔之意，所写的诗又是戏题，又是一些杯中之物的小事，仿佛只是在开玩笑一般。实则不然，这只不过是一种风雅的表现手法而已，便于引起对方念旧的情谊，以此来试探一下对方愿不愿意在这兵荒马乱的时候接待自己。严武走后，蜀中兵乱，杜甫迫切需要再找一个靠山，因此这一组诗确实是“醉翁之意不在酒”。好在汉中王也是一个怀旧之人，顾念了与杜甫的旧交之情，热情邀请了杜甫。于是不久之后，杜甫就离开绵州往梓州而去。途中，他写了《光禄坂行》，记录了一路的心情。

山行落日下绝壁，西望千山万山赤。
树枝有鸟乱鸣时，暝色无人独归客。
马惊不忧深谷坠，草动只怕长弓射。

安得更似开元中，道路即今多拥隔。

——杜甫《光禄坂行》

译文如下：日落时分，我走在山间绝壁之下，远处一座座大山被晚霞染成了红色，树枝上的鸟儿叽叽喳喳地乱叫，暮色苍茫只有我一个人在这里赶路。我倒是不担心马受惊掉进山谷里，风吹草动总害怕遭到长弓手的射击。如今在蜀中哪里还能像开元年间那么太平，如今的道路多阻隔难以通行。

可见这一路走来一直是担惊受怕，仿佛随时随地都有生命危险。这首诗中所描写的场景任何人读起来都会觉得后背发凉。

杜甫到了梓州以后得到了李瑀的照顾，既然无法回家，便只能寓居在此。虽然安全可保，衣食无忧，却因思家情切，常常失眠，《客夜》一诗中写得很走心。

客睡何曾著，秋天不肯明。
卷帘残月影，高枕远江声。
计拙无衣食，途穷仗友生。
老妻书数纸，应悉未归情。

——杜甫《客夜》

诗的大意如下：自己客居在梓州，晚上经常失眠，秋天的漫漫长夜是一种折磨，每到深夜透过窗帘看到的是残破的月影，枕在枕头上听到的是远处江水滔滔。我是一个没有什么本事的人，生活都要靠别人来救济，收到老妻的来信才知道她一直没有收到我寄出去的信。

也许是老妻寄来的长信更加勾起了杜甫的思念，也许是心中又有了别的想法，在冬天来临的时候，他干脆想尽办法把家眷都接到了梓州。

第十七章 入　幕

几番折腾之后，又回到了成都；放弃了宰相梦之后，终于成了严武府中的小参谋。

两个黄鹂鸣翠柳，一行白鹭上青天。
窗含西岭千秋雪，门泊东吴万里船。
——杜甫《绝句四首》（其三）

引　言

宝应元年（762年）冬天，杜甫把家人都接到了梓州。由于蜀中兵乱，杜甫有了买船东归洛阳的想法。梓州位于涪水旁边，水路颇为便利。但是中原之地也未见太平，再加上杜甫的资金也不够充裕，所以只好在梓州暂住下来。

在此期间，杜甫到梓州城东六十里的射洪县去游览，那里是著名诗人陈子昂的故乡。射洪县城北的金华观是当年陈子昂隐居读书的地方，后来陈子昂出仕，入京为官。恰逢武后执政，陈子昂对武则天穷兵黩武和滥施酷刑非常不满，便上书直谏，惹怒了当权者，被害死在狱中。杜甫怀着无比崇敬的心情走进金华观，作诗凭吊。

涪右众山内，金华紫崔嵬。
上有蔚蓝天，垂光抱琼台。
系舟接绝壁，杖策穷萦回。
四顾俯层巅，淡然川谷开。
雪岭日色死，霜鸿有余哀。
焚香玉女跪，雾里仙人来。
陈公读书堂，石柱仄青苔。
悲风为我起，激烈伤雄才。
——杜甫《冬到金华山观，因得故拾遗陈公学堂遗迹》

根据诗中描述，杜甫来到金华山的这天天气很好，他在船上远远地看到，涪水西岸众山之中要属紫色的金华山最为雄伟。从蔚蓝的天空中垂下的阳光，笼罩着山上道观的琼楼玉阁。把船靠在绝壁下面，就拄着拐杖走上了盘旋的山路。登上山顶之后往下眺望，川流和山谷隐隐约约出现在眼前。西边的雪岭在阳光的照射下泛出苍白的死色，霜天里传来了鸿雁的哀鸣。道观里跪地烧香的信女就像玉女一样，学道的善男仿佛是雾气里的仙人。陈公读书堂的石柱上布满了青苔，悲风似乎为他而起，为有雄才大略的人含冤殒命而深深伤心。

宝应二年（763 年）正月，杜甫听到了一个天大的好消息：官军在河南和河北地区打败了叛军，史朝义见大势已去，自缢身亡，历时七年多的安史之乱终于结束了！杜甫听到这个消息之后，可以说是欣喜若狂，仿佛故乡洛阳就在眼前了，自己再也不必客居他乡。杜甫脱口吟出一首惊心动魄的千古名篇，把多年来郁结在胸中的情绪都发泄了出来。

剑外忽传收蓟北，初闻涕泪满衣裳。
却看妻子愁何在，漫卷诗书喜欲狂。

白日放歌须纵酒，青春作伴好还乡。

即从巴峡穿巫峡，便下襄阳向洛阳。

——杜甫《闻官军收河南河北》

译文如下：剑门外突然传来官军收复蓟北的消息，我一听到这个消息欢喜得眼泪浸湿了我的衣裳。回头再看妻儿的脸上都愁云消散，惬意地收拾着诗书，欣喜若狂。在太阳的照耀下高声放歌痛饮美酒，明媚的春色好陪伴我回到故乡。赶紧启程从巴峡穿过巫峡，我到了襄阳之后就直奔洛阳。

这首诗的节奏很明快，而且充满韵律，从听到消息到归乡洛阳一气呵成，动感十足，也充满了画面感。自这首诗流传以来，不知道打动了多少乱世流亡者的心，但是对于杜甫来说，这种兴奋不过是昙花一现罢了。中原的形势并没有因为叛乱的平息而有丝毫的好转，朝廷为了收复失地，借用了回纥的军队。收复失地之后，回纥变得比肃宗时代更加骄横。不论是在洛阳还是在长安，回纥人都无视唐朝的法度，肆意妄为，甚至随意殴打唐朝官员，任意闯入皇城。杜甫自写《北征》以来，在他的诗里一再陈述借兵回纥可能会带来严重的后果，如今都一一应验了，甚至连他离开秦州时所担忧的吐蕃入侵也不幸应验了。

1

从梓州到洛阳并不是一段短暂的行程，杜甫虽然有心但却无力，所以他只能在梓州城中淹留。他经常登上高楼眺望远方，在梓州附近寻访古迹、游览山河，也经常参加一些宴饮和迎来送往的社交活动，以此来打发内心的寂寥。

一次，梓州的李刺史邀请附近几个州的刺史到惠义寺游览，杜甫也在受邀之列，并作诗一首。

春日无人境，虚空不住天。
莺花随世界，楼阁寄山巅。
迟暮身何得，登临意惘然。
谁能解金印，潇洒共安禅。

——杜甫《陪李梓州、王阆州、苏遂州、李果州四使君登惠义寺》

大意如下：春日一同出行，来到这里如同无人之境；空旷之地，见大千世界莺花盛开，山顶阁楼迥异。念及迟暮之年身世无凭，登山临水反而增加了不少愁思。诸位使君，又有谁能舍弃功名利禄来与我一起安禅？

也许是这次聚会让杜甫结识了附近各州的长官，再加上有家难归的苦闷，杜甫便开始在阆州、盐亭、绵州、汉州以及涪州等地暂住和旅行。

这年七月，吐蕃入侵大震关，占领了河西和陇右地区。当时的西川节度使高适奉命在松、维、保三州设防，在吐蕃攻打陇右危及长安的时候，他带兵进攻吐蕃南境，打算以此来牵制吐蕃，没想到计划失败了，松州反而陷入了重围之中。不久之后，高适奉命驻守的三个州和西山城戍都被吐蕃攻陷。

杜甫在九月的时候受王刺史邀请去往阆州，临行之时，一场大雨从天而降，杜甫没有因为大雨而改变行程，而是作了一首诗表达了对局势的担忧。

莽莽天涯雨，江边独立时。
不愁巴道路，恐湿汉旌旗。
雪岭防秋急，绳桥战胜迟。
西戎甥舅礼，未敢背恩私。

——杜甫《对雨》

大意如下：我自涪水边准备启程去往阆州，天空下起了大雨。大雨苍苍茫茫，仿佛一直下到了天涯海角。我并不担心因为下雨前路难行，我最担心的是军队的旌旗被打湿，从而影响了官兵们的士气。雪岭地区的防务非常紧迫，军情紧急，希望吐蕃能够念及与唐朝舅甥的关系，不要背信弃义。

诗句的最后两句充满了祈祷的意味。杜甫当然知道这种祈祷是没有任何作用的。他用这种方式，只是表达对吐蕃背信弃义的愤慨。实际上吐蕃非但没有念及旧情，反而更加步步紧逼。而唐朝的军队则连连失利，节节败退。

到了阆中不久之后，松州和维州失守的消息便传了过来，整个蜀地都大为震惊。此时，王刺史请杜甫代笔给朝廷写一份关于巴蜀安危的表章，他欣然接受，写了一篇《为阆州王使君进论巴蜀安危表》。在这篇表章中，他代王刺史向代宗提出了五点建议。第一，巴蜀之地无论经济上还是军事上地位都非常重要，如今吐蕃攻陷了松州和维州，成都便处在了非常危险的境地，希望朝廷能够派遣贤明的亲王来坐镇成都，这是上策。第二，如果不能派遣亲王，那就要派遣既能打退吐蕃又能安抚民众的大臣来镇守蜀地，这样也能出现小康局面。第三，撤销东川节度使，将东川所属的兵马交给西川节度使统一管辖，这样既可以加强西川的防务，又可以减少政府开支，进而减轻巴蜀百姓的负担。第四，即便是出于军事需要，东川不能撤销，也应该立即派遣有经验的人来做节度使。像如今这样将东川交给留后，拖延一年多还不见派人来，这是有失众望的。第五，减轻天下除了军用之外的苛捐杂税。

既然是为王刺史代笔的表章，那么里面的内容应该是王刺史本人的意见，但由杜甫代笔，想必里面也包含了杜甫的思想感情。实际上，这篇表章里的很多基本论点，都曾经在杜诗中出现过。这中间还有一点要注意，当时的西川节度使是杜甫的好朋友高适，杜甫认为高适在防御吐蕃的战略战术上都表现不力。这本表章一旦被朝廷所重视，对高适将非常不利。可见在杜甫的心里，国家大事永远高于个人感情，这也是他的可贵之处。

这年十月，长安沦陷，代宗匆忙出逃至陕州，老百姓又陷入了战火之中。杜甫得到消息之后，万分痛心，作了《巴山》《遣忧》《枣花》等诗来记录当时的时局。在诗中，有“狼狈风尘里，群臣安在哉”这样对文官不能扈从、武官不能御敌的讽刺，也有“隋氏留宫室，焚烧何太频”这样发自内心对异族的悲叹，还有“西京安稳未，不见一人来”这样的担忧和挂念。这次杜甫大约在阆州住到了冬末，一封写着小女儿患病的家书让他不得不赶回梓州。回到梓州之后，杜甫并未多作停留，待女儿病情好转，便带着全家迁往阆州，计划过年之后，便沿着嘉陵江南下出蜀。

2

广德二年（764 年）元月，就在杜甫打算沿着嘉陵江南下，然后过长江三峡出蜀的计划即将实施的时候，朝廷剑南节度使的任命下来了，严武再次担任了这个重要的职位。这个任命同时改变了杜甫的计划，他决定掉转船头，重回成都。严武的归来让他重新看到了蜀中的希望，高兴之余，写了一首《奉待严大夫》。

殊方又喜故人来，重镇还须济世才。
常怪偏裨终日待，不知旌节隔年回。
欲辞巴徼啼莺合，远下荆门去鹢催。
身老时危思会面，一生襟抱向谁开？

——杜甫《奉待严大夫》

译文如下：得到故人要从远方归来的消息我欢喜万分，像成都这样的重镇必须依靠您这样的济世之才。经常很奇怪您过去的部将们为什么整日地等待，不知您隔了一年便能再次回来。我本来打算告别四川边境向着荆门的方向远游。在啼莺喧闹中听到您回来的喜讯，连忙改变了行程。就算我身体衰老、时势艰危，也思念着与您会面，不然我一生的襟怀抱负能向谁打开？

杜甫把严武当成了唯一的希望，严武也多次来信，希望他能留下来。于是在二月份的时候，杜甫在阆州房琯墓前吊唁之后，便迫不及待地带着一家人冒着风浪登上了驶向成都方向的客船。从前年六月送别严武离开草堂至今，已经一年零八个月，整整跨越了三个年份，所以杜甫归心似箭。再加上对严武的思念，纵然今年桃花汛提前，嘉陵江水暴涨，他也不惜冒着风浪之险渡江赶路。这一路大约也是心情激动，诗兴大发，一连写了五首诗赠送给严武。这组题为《将赴成都草堂途中有作，先寄严郑公五首》的诗中写道："三年奔走空皮骨，信有人间行路难。"这是他对这段逃难生活的总结。

回到浣花溪畔的草堂，一种家的温暖涌上心头，情不自禁，作《归来》。

客里有所过，归来知路难。
开门野鼠走，散帙壁鱼干。
洗杓开新酝，低头拭小盘。
凭谁给麴蘖，细酌老江干。

——杜甫《归来》

大意如下：在外漂泊一年多之后归来，才感到出门在外的艰难。开门的时候惊扰了野鼠；拉开包裹书籍的封套，发现已经干瘪的蠹鱼。清洗完酒具，打开酒坛子，把盘子清洗干净。一回到家中，便可以戴着小帽喝着老酒，这是何等的享受。稍作安顿，他又想起了自己种的松树和桃树，便到院中查看。他在《四松》中写道"勿矜千载后，惨淡蟠穹苍"，表达自己并不奢求千年以后松树高盖蟠空的雄姿，眼下能够欣赏到就已经很满足了。他在《题桃树》中写道"高秋总馈贫人实，来岁还舒满眼花”，把桃树写得活灵活现，有情有义，不但具有经济价值，可以充饥，还可以悦目，具有审美价值。他看到水槛摇摇欲坠，便在《水槛》中写道“茅轩驾巨浪，焉得不低垂”；他看到破船埋在泥里，便在《破船》中感慨“船舷不重扣，埋没已经秋”。

杜甫还将这一年多的见闻加以整理，写了一首《草堂》来记录和总结这段经历。

昔我去草堂，蛮夷塞成都。
今我归草堂，成都适无虞。
请陈初乱时，反复乃须臾。
大将赴朝廷，群小起异图。
中宵斩白马，盟歃气已粗。
西取邛南兵，北断剑阁隅。
布衣数十人，亦拥专城居。
其势不两大，始闻蕃汉殊。
西卒却倒戈，贼臣互相诛。
焉知肘腋祸，自及枭獍徒。
义士皆痛愤，纪纲乱相逾。
一国实三公，万人欲为鱼。
唱和作威福，孰肯辨无辜。
眼前列杻械，背后吹笙竽。
谈笑行杀戮，溅血满长衢。
到今用钺地，风雨闻号呼。
鬼妾与鬼马，色悲充尔娱。
国家法令在，此又足惊吁。
贱子且奔走，三年望东吴。
弧矢暗江海，难为游五湖。
不忍竟舍此，复来薙榛芜。

入门四松在，步屟万竹疏。
旧犬喜我归，低徊入衣裾。
邻舍喜我归，酤酒携胡芦。
大官喜我来，遣骑问所须。
城郭喜我来，宾客隘村墟。
天下尚未宁，健儿胜腐儒。
飘摇风尘际，何地置老夫。
于时见疣赘，骨髓幸未枯。
饮啄愧残生，食薇不敢余。

——杜甫《草堂》

从这首诗中我们可以看到，大将被朝廷召唤已离开成都，徐知道这帮小人便纠结蛮夷开始起兵造反。他们半夜里杀了白马歃血为盟，又西取邛州以南的羌夷兵卒扩大声势，还占领了剑门关阻断朝廷的援军。几十个本来没有任何官衔的人都被加上了刺史、县令这样的头衔。由于争大逞强，叛军中开始出现矛盾，西边来的那些羌夷兵卒倒戈了，徐知道自己队伍里的头目们也开始互相残杀。后来，徐知道自己也被部将李忠厚杀死了。李忠厚杀死徐知道之后，在成都城中作威作福，欺凌百姓，滥施酷刑，滥杀无辜；国家法度犹在，他们依然做出了这样让人震惊的事情。诗人只好到处逃荒，三年来一直漂泊在外，因为舍不得成都的草堂，如今回来了，看到门前的松树和竹子还在，心里也很高兴。虽然屋子里已经落满了灰尘，但是大家听说我回来了，都来看我，对我嘘寒问暖，令我非常感动。如今天下还没有太平，既担心没有安身之地，也羞愧无法为天下苍生出力。如今能在草堂了此残生，也就没有什么别的期望了。

这首诗虽然是杜甫用来记录自己经历的，但是其中对徐知道、李忠厚等人的叛乱记录得很详细。多亏了这首诗补充了史料的不足，让我们得以了解那段历史。试问，如果这样的诗不被称为“诗史”，那么还有什么样的诗能被称为诗史呢？

3

战乱后的成都百废待兴，严武作为新的西川节度使自然责任重大。在这种状况下，杜甫再不出山便说不过去了。杜甫归来不久，便受邀成为了严武府中的参谋。严武对杜甫也是相当信任和看重，这年六月的时候还向朝廷上表，推荐杜甫为检校工部员外郎，赐绯鱼袋。那个时代的幕府生活是非常严格的，几乎每天都是天不亮就要进府办公，天黑后才能出来。杜甫的家在城外，来往非常不便，干脆就住在了节度使的府中。

初为幕僚，杜甫协助严武操练军队，启用新的军旗，计划收复松、维、保三州。七月，严武准备率军出征，杜甫写了《东西两川说》，向严武提出了自己的看法和建议。文中详细论述了蜀中军士的优势和劣势，还列举了统辖八州兵马的战略战术；当然少不了提醒严武体恤百姓、约束诛求、平均赋税、选用良才。严武举兵西进，两个月的时间便击败了吐蕃七万兵马，攻克狗当城和盐川城，收复了失地，挫败了吐蕃的野心，稳定了西蜀的形势。杜甫得到捷报，自然欣喜，和了严武的一首诗来歌颂他的战功。

秋风袅袅动高旌，玉帐分弓射虏营。
已收滴博云间戍，更夺蓬婆雪外城。
——杜甫《奉和严大夫军城早秋》

这首和诗一方面描写了严武军队的雄姿；另一方面也鼓励严武乘胜追击，收复失地。

我们都知道杜甫隐居在草堂期间和严武的关系虽然密切，但并不经常见面，即使见面也无非是喝酒吟诗，讨论时事，再加上严武经常接济他，心中自然充满了对严武的感激和爱戴。如今住进了严武的府中，可以说完全参与到严武的生活里，时间长了，自然发现严武的很多问题。史料记载，严武累年在蜀，肆志逞欲，恣行猛政，穷极奢靡，赏赐无度。杜甫自然都看在眼里，心中甚是不满，在诗文中也多有讽刺。

客从西北来，遗我翠织成。
开缄风涛涌，中有掉尾鲸。
逶迤罗水族，琐细不足名。
客云充君褥，承君终宴荣。
空堂魑魅走，高枕形神清。
领客珍重意，顾我非公卿。
留之惧不祥，施之混柴荆。
服饰定尊卑，大哉万古程。
今我一贱老，裋褐更无营。
煌煌珠宫物，寝处祸所婴。
叹息当路子，干戈尚纵横。
掌握有权柄，衣马自肥轻。
李鼎死岐阳，实以骄贵盈。
来瑱赐自尽，气豪直阻兵。
皆闻黄金多，坐见悔吝生。
奈何田舍翁，受此厚贶情。
锦鲸卷还客，始觉心和平。
振我粗席尘，愧客茹藜羹。

——杜甫《太子张舍人遗织成褥段》

诗中说，一位姓张的侍从太子的官员从西北来到成都，送给杜甫一条特别高档的褥子。这条褥子上绣着鲸鱼等水族图案，一看就是来自西洋的贵重物品。客人说铺上这褥子，可以吓走空堂里的妖怪，睡觉也能踏实很多。我很感谢他这一番美意，可我自己毕竟不是公卿，留着这么贵重的东西恐怕会引来祸患，把它铺在自己的茅屋里也不那么协调。我觉得古人将服饰定出尊卑之分，是古往今来最大的法度。像我这样贫贱的老头，穿一身粗布衣服最协调。这种来自海底龙宫光彩夺目的宝物，要是睡在上面，那就是犯法啊。可叹那些身居要职的人们，在这个战争都还没有完全平息的时候，由于掌握了大权，便开始奢华享受。李鼎死在凤翔，就是因为他骄傲放纵。来瑱在流放的途中被赐死，是因为他仗着有军队就天不怕地不怕。听说都是因为钱太多了，就容易做出让人后悔的事情来。我这样的乡下老翁，要是接受这样的厚礼，又该怎么办？赶紧把这宝物好好卷起来退还给客人，这才觉得心里平静。扫一扫我家粗席上的尘土，请客喝点野菜汤，也觉得无愧。

读了这首诗，也许会觉得这是杜甫根深蒂固的封建思想在作怪，也许会认为就一条西洋褥子何必小题大做，但结合杜甫在严府中的所见所闻便不难理解了。

幕府的生活毫无自由可言，同时杜甫在同僚中也显得非常另类。一方面，杜甫自恃才高，看不上那些为了保全地位而阿谀奉承的人。另一方面，严武对杜甫的友好也让那些同僚们嫉妒，这些人经常聚在一起中伤杜甫，杜甫的心中自然充满了难言的忧郁；同时他的身体也渐渐难以支撑这种工作和人际关系的压力。他本身就有肺病和疟疾，这时候又患上风痹，久坐之后，四肢都会感到麻痹。一个寂静的夜晚，他独自在府中，望着天空如水的月色，写出了一首悲凉的七律。

清秋幕府井梧寒，独宿江城蜡炬残。
永夜角声悲自语，中天月色好谁看？
风尘荏苒音书绝，关塞萧条行路难。
已忍伶俜十年事，强移栖息一枝安。

——杜甫《宿府》

译文如下：井畔那棵梧桐树在秋夜的寒风中瑟瑟发抖，只有蜡烛残光陪伴着孤单的我。长夜里，悲壮的号角声似乎在自言自语，天空中的月色虽然美丽，但有谁会与我共赏？光阴荏苒，我该到何处去寻觅亲人音信？到如今，关塞仍然一片萧条，难以寻找回乡的路。我已忍受了十年的飘零生活，把家安在这里不过是勉强栖身。

4

幕府的生活杜甫似乎难以适应，每当他在那里难受到极点的时候，他便会找严武请假回草堂暂住。一边是田园自乐，一边是幕僚周旋，这种完全分裂的生活让杜甫苦不堪言。广德二年（764 年），户部统计了全国人口，经过十年的丧乱，全国仅剩下不到一千七百万人，这比天宝十三年（754 年）开元盛世时整整减少了十分之七！杜甫心中悲痛，写了两首《忆昔》来怀念大唐盛世时代的民丰物充、路无豺虎。

忆昔先皇巡朔方，千乘万骑入咸阳。
阴山骄子汗血马，长驱东胡胡走藏。
邺城反复不足怪，关中小儿坏纪纲。
张后不乐上为忙，至令今上犹拨乱，
劳心焦思补四方。
我昔近侍叨奉引，出兵整肃不可当。
为留猛士守未央，致使岐雍防西羌。
犬戎直来坐御床，百官跣足随天王。
愿见北地傅介子，老儒不用尚书郎。

——杜甫《忆昔二首》（其一）

译文如下：当年肃宗在灵武即位之后，收复了关中，还借阴山骄子回纥的兵马收复了长安和洛阳。打了败仗的安庆绪逃跑到河北死守邺城，后来史思明派兵到邺城去救安庆绪，既降又叛反复无常，后来东京洛阳陷落并不出人意料。肃宗整日诚惶诚恐，多方讨好，轻信关中小人李辅国，后宫张良娣也恃宠而骄，导致朝纲混乱，以致今日代宗仍在劳心肃清朝纲。当年我做拾遗的时候，在皇帝左右，代宗以广平王拜天下兵马元帅，先后收复两京，势不可当。代宗听信宦官程元振谗言，罢免了大将军郭子仪的兵权，使岐雍一带兵力单薄，不能防敌于国门之外；致使吐蕃入侵，两京沦陷，府库闾舍，焚掠一空，百官狼狈出逃，鞋子都来不及穿就跟随代宗逃往陕州。何时才能出现傅介子这样勇猛的人物来一洗国耻啊！只要国家能灭寇中兴，我个人做不做尚书郎一点关系也没有。

忆昔开元全盛日，小邑犹藏万家室。
稻米流脂粟米白，公私仓廪俱丰实。
九州道路无豺虎，远行不劳吉日出。
齐纨鲁缟车班班，男耕女桑不相失。
宫中圣人奏云门，天下朋友皆胶漆。
百余年间未灾变，叔孙礼乐萧何律。
岂闻一绢直万钱，有田种谷今流血。
洛阳宫殿烧焚尽，宗庙新除狐兔穴。
伤心不忍问耆旧，复恐初从乱离说。
小臣鲁钝无所能，朝廷记识蒙禄秩。
周宣中兴望我皇，洒血江汉身衰疾。
——杜甫《忆昔二首》（其二）

译文如下：遥想当年开元盛世的时候，最小的城也有上万户人家，农业丰收，农户家粮食很充足，官府储藏米谷的仓库也都装得满满的。当时社会秩序安定、天下太平，既没有寇盗横行，也没有豺虎挡道，旅途平安，随时可以出门远行，自然不必选什么黄道吉日。当时手工业和商业也非常发达，到处是贸易往来，商贾的车辆在官道上络绎不绝。男耕女织，各安其业，各得其所。皇宫里天子奏响祭祀天地的乐章，天下一派太平祥和的景象。社会风气好了，人们互相友善，关系融洽，有上百年的时间都没有发生过大的灾祸。国家昌盛，政治清明。哪里想到安史之乱爆发后，田园荒芜，物价昂贵，一绢布匹都要卖万贯钱。洛阳的宫殿也被烧毁了。吐蕃在攻陷长安之后，盘踞了半个月，代宗不久之后收复两京。不敢跟经历了这些事的老人们絮叨旧事，怕他们又从安史之乱说起，增添很多伤感。小臣我愚钝无能，承蒙当初朝廷授检校工部员外郎的官职给我。希望如今的皇上能像周宣王恢复周代初期的政治，从而使周朝中兴那样，恢复大唐的江山社稷，我纵然满身疾病流落在这江汉流经的巴蜀地区，也会感动到流泪的。

不管身处何种境地，不管当下遭受多少磨难，不管心中埋藏着多少委屈，杜甫从未完全放弃对祖国的热爱和期望。

这一年对杜甫来说生活算得上比较安定，既无断炊之忧，也无受寒之苦。但老天同样没有眷顾这位虽然刚过半百，但看起来已是耄耋之姿的老人。在这几年内，他的好朋友王维、李白、房琯、郑虔以及苏源明都相继去世了，有的消息他已知晓，有的尚蒙在鼓中。当他听到郑虔与苏源明去世的消息后，悲恸欲绝，写出了哀歌："故旧谁怜我，平生郑与苏。存亡不重见，丧乱独前途。"又因他们的死，想到了自己当下的处境——"疟病餐巴水，疮痍老蜀都。飘零迷哭处，天地日榛芜。"句句含泪，字字带血，向老友的亡魂哭诉衷肠。

对杜甫来说，幕府的日子非常难熬。他多次向严武写诗，请求解除他在幕府中的职务，严武并没有答应。后来有一次，杜甫醉后登上严武之床，厉声问严武："严挺之怎么有你这样的儿子？"这件事彻底惹怒了严武，再加上那些不怀好意的幕僚从中搅和，严武甚至对杜甫起了杀心，后被他的母亲劝解才得以消除。但经历了种种事情之后，两人的关系也起了一些微妙的变化，在冬末的时候，严武也就答应了杜甫请辞的要求。

永泰元年（765 年）正月，杜甫搬回了草堂，心情稍微好了一些，便开始和孩子们一起重新休整草堂的环境。他们清理杂竹，拔除野草，兴致勃勃。不料在他心情刚刚好转的时候，又传来了高适在长安死去的消息，杜甫作诗哀悼。

归朝不相见，蜀使忽传亡。
虚历金华省，何殊地下郎。
致君丹槛折，哭友白云长。
独步诗名在，只令故旧伤。

——杜甫《闻高常侍亡》

译文如下：自从你归朝之后就再也没能相见，不料来蜀的使者却带来了你去世的噩耗。你身历金华，大才还没有尽情施展，如今却归于尘土。你为辅佐君王，曾经攀折丹槛。我因哭友永逝，倍觉我们情深意长。你的诗名独步天下，必将流芳百世，而这只能让我经常想起你心中忧伤。

如果说高适的死让杜甫感到悲伤的话，那么三个月之后，年仅四十岁的严武得急病而死则大大出乎杜甫的意料。他去年春天之所以回到成都，就是因为严武的归来，严武一死，杜甫在成都又没了依靠，也没有了奔头，同时似乎也没有了继续留下来的理由。于是在五月的时候，杜甫带着全家买舟南下。临行前他写了《去蜀》一诗，来告别在蜀地这五年多的岁月。

五载客蜀郡，一年居梓州。
如何关塞阻，转作潇湘游。
世事已黄发，残生随白鸥。
安危大臣在，不必泪长流。

——杜甫《去蜀》

译文如下：我在成都府居住了五年的时光，还有一年多是在梓州度过的。岂料兵荒马乱，关山交通阻塞，今天我为什么反要远赴潇湘呢？回顾我这大半生的经历，已经年老却一事无成，余生只能像江上白鸥一样漂泊。国家安危的大计自有当政大臣来考虑，我这个不在其位的人又何必老泪纵横呢！

杜甫自乾元二年（759 年）年末入蜀到永泰元年（765 年）五月离开，大约只有五年半的岁月，这其中还有一年零八个月居住在梓州和阆州，算起来在草堂也就住了不满四年的时间，但是他却使这片偏远而无名的土地变成了我国文学史上的一块圣地。时至今日，杜甫草堂依然是成都最负盛名的景观，每年接待的来自世界各地的游客何止千百万。据说每逢四月十八日，成都的原住民都会到草堂游览。而那里年年的四月十八都是晴天，从未有过雨水。如今诗人已经故去千年，可诗圣的精神依然留在这片滚烫的热土之上，让每一个慕名而来者感受和继承。

第十八章
流　离

从成都到江陵，一艘木船承载了诗人东归的梦想；从穷困到病痛，几多折磨谱写着杜甫多舛的命运。

为人性僻耽佳句，语不惊人死不休。
老去诗篇浑漫与，春来花鸟莫深愁。
新添水槛供垂钓，故着浮槎替入舟。
焉得思如陶谢手，令渠述作与同游。
——杜甫《江上值水如海势聊短述》

1

永泰元年（765 年）五月，杜甫一家沿着岷江南下，端午节前抵达嘉州。在他的一位族弟家中稍作盘桓之后，继续沿江南下，月底到达戎州，船入长江，改向东行，一直到了渝州。在渝州，杜甫写过一首诗。

闻道乘骢发，沙边待至今。
不知云雨散，虚费短长吟。
山带乌蛮阔，江连白帝深。
船经一柱观，留眼共登临。
——杜甫《渝州候严六侍御不到，先下峡》

诗意如下：你说你骑着快马尽快赶来，可我已经在沙洲边上等了很久了。你好像云飞雨散一样连个影子都看不到，害得我长吟短叹浪费时间。这里的山绵延到乌蛮一带可真是广阔，连接白帝城的江水又宽又深。你快点赶上来吧，我的船经过荆州一柱观时，还要留着这双眸子和你一起登高观赏呢。

从这首诗的题目便可以看出，杜甫可能之前与严六侍御约好了结伴下明月峡，当他到达渝州之后，等了许久，不料对方总不来，只好留下这首诗自己先走了。

偶尔坐船还会觉得新鲜，如果是长时间坐船，寂寞是难免的。试想一个孤独的老人坐在船头，眼前皆是江波浩渺，远处则是蒙蒙群山，而自己宛若一片细细的浮萍，飘浮在茫茫宇宙之中，身世孤微之叹在心中凝结成著名的《旅夜书怀》。

细草微风岸，危樯独夜舟。
星垂平野阔，月涌大江流。
名岂文章著，官应老病休。
飘飘何所似，天地一沙鸥。
——杜甫《旅夜书怀》

译文如下：微风吹拂着岸边的细草，那高高耸立着桅杆的小船在夜里孤独地停泊着。星星垂在天边，平野显得宽阔无比；大江在月光的映照下滚滚东流。一个人光知道写文章又有什么用，它并不能成就名声；

如今的我年老体弱又多病，是应该休官了。这般漂泊像什么呢？就像天地间一只孤零零的沙鸥。

一番感慨之后，仍须继续行船，重阳节之前到达了云安。离开之时本就心情郁闷，江面上又多风湿，一系列因素引发了杜甫的旧疾。他整日咳嗽，夜不能寐，到了云安之后只好停船上岸，寄居在云安县令严某的水阁里养病。重阳节这天，文士郑贲邀请杜甫和当地的一些文人、官员、乡绅一起登高。在这次聚会上，杜甫得知战乱又起，朔方节度使仆固怀恩勾结回纥、吐蕃等异族起兵反叛朝廷。杜甫因此作了一首诗。

寒花开已尽，菊蕊独盈枝。
旧摘人频异，轻香酒暂随。
地偏初衣夹，山拥更登危。
万国皆戎马，酣歌泪欲垂。
——杜甫《云安九日郑十八携酒陪诸公宴》

译文如下：菊花开放得差不多了，花瓣都已零落，只有花蕊孤独地眷恋在枝头上。摘花惜非旧友，携酒喜遇新知。地偏气暖，仲秋刚穿夹衣；峰簇山拥，登高更觉危险。想到天下战乱一直不能平定，酒酣高歌，不禁怆然落泪。

从秋天到冬天，杜甫的身体一直不见好，只好一直逗留在云安，他有一首诗《别常徵君》。

儿扶犹杖策，卧病一秋强。
白发少新洗，寒衣宽总长。
故人忧见及，此别泪相忘。
各逐萍流转，来书细作行。
——杜甫《别常徵君》

从诗中可以看出，杜甫这一秋冬的身体状况很差，有客人来了勉强起身相迎，由宗文和宗武扶着还要拄着拐杖，可见这场病来得真是不轻。满头白发也变得很稀少，身体消瘦得连原本合身的衣服都变得又宽又长。常征君听说杜甫病了，特意来探望，离别之时相对泪下，离别之后各自都像浮萍一样居无定所，但仍然希望可以经常有书信来往。

从永泰元年（765 年）重阳之前到永泰二年（766 年）春末，杜甫这场病足足持续了半年时间，待到身体恢复了一些，就迫不及待地踏上行程，一路帆影鸥踪，开往二百四十里外的夔州。在途中，他还写了首清丽的小诗。

江月去人只数尺，风灯照夜欲三更。
沙头宿鹭联拳静，船尾跳鱼拨剌鸣。

——杜甫《漫成一首》

译文如下：水中的月影离我只有数尺之遥，桅杆上悬挂的风灯照耀着夜空，马上就要进入三更天了。栖息在沙滩上的白鹭静静地蜷身而睡，船尾突然传来“拨刺”一声，原来有一条鱼儿跃出水面。

诗人躺在船上，舱外就是滚滚长江，半夜醒来，看着水中的月亮、桅杆上的风灯和岸边的白鹭充满了宁静，突然一条鱼儿跃出水面的声音打破了宁静，活灵活现，极具画面感。自去年离开草堂之后，西川和东川相继发生了战乱，草堂的命运杜甫无从得知，但忧国忧民的心态却从未改变过，恐怕也只有在夜半三更，天地之间一片寂静的时候，才能静下心来感受眼前的景致。

2

两天后，杜甫一家到达夔州。唐代的夔州属山南东道，设有都督府，州治在鱼腹潽和西陵峡中间，与瞿塘峡临近，是在后汉时期公孙述建造的白帝城的基础上向西北面山坡扩建而成的，所以唐人习惯把夔州城叫白帝城。到了夔州之后，杜甫作《移居夔州郭》。

伏枕云安县，迁居白帝城。
春知催柳别，江与放船清。
农事闻人说，山光见鸟情。
禹功饶断石，且就土微平。

——杜甫《移居夔州郭》

诗意如下：在云安县养病一段时间之后，迁居到了白帝城，离别之时，江柳青青，仿佛是这春天知道我要走，特意为我折柳送别。江水仿佛也很多情，竟然变得如此清澈。春天的时候农事方兴，到处听人在谈论农事，山光明媚，鸟儿们也欢快地鸣叫着。沿江两岸堆积着大禹治水时留下的断石，只有夔州这一带的土地稍微平整一些。

这可能也是杜甫移居夔州的原因之一吧。从地图上可以看出，夔州大约处于长安正南方向。杜甫之所以移居此地，大概心中还是有去往长安的想法的。但是他可能也没有料到，他在夔州会生活将近两年，而这段时期也成为他一生中创作最密集的时期。据统计，在这一年多的时间里，杜甫创作了四百多首诗，几乎占到他现存诗作的百分之三十。这段时间，杜甫虽然体弱多病，但其创作力之旺盛，真令人惊叹！

初到夔州的时候，杜甫一家借住在西阁。西阁位于长江北侧的一个半山腰上，可以看到江上的渔船和往来的客船。根据当地的习惯，饮用水要用一节节竹子把山泉水从高处引到住所。可能是山上无法凿井，只能用这种办法，所以他居住的地方盘绕着无数引水的竹筒，有的甚至长达几百丈。为解决饮水问题，杜甫派仆人阿段去山中寻找水源。阿段是夔州本地人，干这种活很顺当，经过数日努力，终于在一天夜里把竹筒接入厨房。西阁中有了滴水的声音，杜甫很高兴，作诗记录。

山木苍苍落日曛，竹竿袅袅细泉分。
郡人入夜争余沥，竖子寻源独不闻。
病渴三更回白首，传声一注湿青云。
曾惊陶侃胡奴异，怪尔常穿虎豹群。
——杜甫《示獠奴阿段》

译文如下：山上树木茂盛，落日返照着余光，到处都是引水的竹竿，蜿蜒曲折把一道泉水分散到各家。当地土人每天晚上都在争抢余下的剩水，阿段却找到了另外的水源。我因为身患消渴之症，经常半夜口渴难受，把一头白发摇来摇去，忽然听到了水流注入水缸的声音，这声音仿佛是从天上的青云上传下来的。我曾经对陶侃之子胡奴的表现感到惊讶，可阿段你经常穿梭于虎豹出没之地的过人胆识，更让我惊奇。

这首诗首联叙事：各家日落时，竹竿引山泉。次联续叙：入夜土人争余沥，阿段另去找水源，可见他善于思考，也勇于探索。三联写来自青云高处的流水半夜注入水缸，显示阿段的探索成功。尾联还让人看到时常穿梭于虎豹出没之地的他胆量过人。另外，诗中还有一个信息：杜甫的身上又增加了消渴之症，也就是今天所说的糖尿病。这时杜甫五十五岁，已经有疟疾、肺病、风痹以及消渴症等疾病，可以说是百病缠身，苦不堪言。他听说乌鸡蛋对风痹之症颇有疗效，便在院子里养了许多乌鸡，“自春生成者，随母向百翩。驱趁制不禁，喧呼山腰宅。……墙东有隙地，可以树高栅。”（《催宗文树鸡栅》）可以想象到由于治病心切，一次就孵了上百只小鸡，群鸡乱舞，弄得院子里乱七八糟的，便连忙催促他的大儿子宗文去东墙边的空地上搭鸡栅栏。他又在院子里开辟了一片菜园子，种上了莴苣，希望可以解决吃菜的问题，“两旬不甲坼，空惜埋泥滓。野苋迷汝来，宗生实于此。”（《种莴苣》）可见他的菜种得并不成功，倒是那些不堪食用的野苋长得十分茂盛，把门前道路都塞满了。蔬菜长不出来，就让孩子们到山上去摘苍耳。苍耳又称卷耳，可以食用，对风疾也有一定的疗效。为了避免山间有毒的瘴气，他一大早就让孩子们出门，这样中午就可赶回来，把采回来的苍耳用开水焯一下，就能当蔬菜食用了。杜甫吃着苍耳，想着人间的不平事，咏叹道：“富家厨肉臭，战地骸骨白。”（《驱竖子摘苍耳（即卷耳）》）与他早年所作“朱门酒肉臭，路有冻死骨”意同，而情感更为强烈。从这些句子中可以看到，杜甫的生活是比较艰苦的。可这些并不影响他对白帝古城的深情。

城尖径昃旌旆愁，独立缥缈之飞楼。
峡坼云霾龙虎卧，江清日抱鼋鼍游。
扶桑西枝对断石，弱水东影随长流。
杖藜叹世者谁子？泣血迸空回白头。

——杜甫《白帝城最高楼》

译文如下：尖峭的山城，崎岖的小路，以及插在城头的旌旗都暗自发愁。就在这样的地方，孤孤单单、若隐若现地耸立着一座缥缈欲飞的高楼。云霾隔断连绵峡山，远处的山脉如同龙虎静卧，阳光映照着清澈的江水，众波光好像鼋鼍浮游。扶桑西端的树枝遥对山峡的断石，弱水东来的影子紧接长江的流水。那个拄着藜杖感叹世事的人是谁呢？血泪飘洒空中，就在我满头白发回顾的时候。

最高楼上最伤心。首联点题：这是险峻山城上一座像要飞走的高楼。次联描述登楼所见的近景：被分隔的峡山，山形如龙虎卧；被映照的江水，波光似鼋鼍游。三联描述登楼所见的远景：东方最远处的扶桑枝条与峡山对接；西方最远处的弱水影子与长江对接。尾联感怀身世国运，以“泣血迸空”结束。

大历二年（767 年）年初，杜甫迎来了一件大喜事，他的弟弟杜观要来夔州看望他。杜甫是一个念家的人，乾元元年（758 年）末从华州回洛阳探亲，就是想和弟弟们团聚；接下来十年流浪，大多数时候连弟弟的书信都难以见到，如今杜观到夔州来看望他，他该有多么兴奋、多么幸福！所以在他听说弟弟过了江陵之后便作了一首诗，表达欣喜之情。

尔到江陵府，何时到峡州？
乱离生有别，聚集病应瘳。
飒飒开啼眼，朝朝上水楼。
老身须付托，白骨更何忧。
——杜甫《得舍弟观书自中都已达江陵》

译文如下：你已经到达江陵，何时可到峡中的夔州？生死离别全是战乱造成的，只要兄弟们可以团聚，我的病自然就会好了。我张开流泪的双眼，不时登上江边的楼上向你的方向眺望。我正在琢磨我的身后事该托付给谁，你来了我就不担心我的白骨没有人收了。

也许是过于兴奋，也许是见面之后的时光太过珍贵，杜甫反而没有留下什么文字。但我们知道的是杜观确实来了，而且还在夔州住了一阵子，然后便回蓝田去接妻子了。这从杜甫后来写的《舍弟观归蓝田迎新妇，送示两篇》中的“汝去迎妻子，高秋念却回”便可得知。

3

大历二年（767 年）春末，杜甫一度迁居赤甲山。赤甲山在夔州城东边，山色暗红，就像红色的铠甲一样，因而得名。去年秋末，柏茂琳任夔州都督兼御史中丞。柏茂琳对杜甫的生活很关心，曾分月俸给他维持生计。杜甫在赤甲山住了没几天，柏茂琳就为他选择了一处更好的住处，那里叫作瀼西。杜甫迁居到那里，租了一所房子，那就是“瀼西草堂”。柏茂琳不但上奏朝廷把一百多顷公田交给杜甫管理，还赠送给杜甫四十亩柑林，杜甫精心管理这些田地和柑林，生活上也有了保障。他写了五首诗来记录在这里的生活。

其一

久嗟三峡客，再与暮春期。
百舌欲无语，繁花能几时？
谷虚云气薄，波乱日华迟。
战伐何由定，哀伤不在兹。

其二

此邦千树橘，不见比封君。
养拙干戈际，全生麋鹿群。
畏人江北草，旅食瀼西云。
万里巴渝曲，三年实饱闻。

其三

彩云阴复白，锦树晓来青。
身世双蓬鬓，乾坤一草亭。
哀歌时自短，醉舞为谁醒。
细雨荷锄立，江猿吟翠屏。

其四

壮年学书剑，他日委泥沙。
事主非无禄，浮生即有涯。
高斋依药饵，绝域改春华。
丧乱丹心破，王臣未一家。

其五

欲陈济世策，已老尚书郎。
未息豺虎斗，空惭鸳鹭行。
时危人事急，风逆羽毛伤。
落日悲江汉，中宵泪满床。

——杜甫《暮春题瀼西新赁草屋五首》

第一首从暮春说起，可以说是全篇的总领。滞留在长江三峡，再逢暮春，这并不是本来的意愿，如今繁花又将开尽了，虚谷中云气浅薄，波乱反照，春光易逝。然而在这乱世之中，这落花和时光流逝的哀伤又算得了什么呢？

第二首则是此次卜居的说明。这里就算有千棵橘树，也不见得能和封君相比。地产如此贫瘠，之所以寄住在这个地方，不过是为了谋生罢了。身处兵荒马乱的世道之中，看到江北草之茂盛，只觉草木皆兵，望之令人恐惧。旅食于瀼西如同天上的云朵一样漂泊。从前年离开成都到现在已经三个年头，这三年来我听了很多巴渝的竹枝歌曲。

第三首则着重写了草屋的景色和迁入后的生活感触。彩云变幻，时而下雨，时而天晴，花树晓晴，绿肥红瘦。我如今老无所成，老无所归。哀歌自惜，醉舞自遣，闲居不胜愁苦；锄禾耕作，雨季闻猿，外出亦复伤情。

第四首写旅居身世之感。年轻时所习的武艺和读的书都没有起到什么作用，以致一把年纪了还一事无成，眼看剩下的时日已经不多了。住在他乡的茅草屋里，靠着药物苟延残喘，怎能忍受这异乡的春归花谢？想到大唐的叛乱难平，我忧国忧民的一片丹心都要碎了。

第五首则感慨壮志未酬。一直想上书给朝廷济世救民的良策，如今自己都已经老了还没有做到。然而面对战乱束手无策，纵然身在朝堂之上也是尸位素餐。如今死期将至，就像羽毛受伤的鸟儿遇到了急风，无法再飞起。只能在落日的时候看着江水感慨，夜晚的时候躺在床上流泪了。

自从行船以来，杜甫疾病缠身，自知生命即将到尽头，风雨飘摇、国家艰难，内心的愁苦达到了极点。这组诗看起来很平淡，但细读起来，便觉得言辞恳切，恰好表达了杜甫当时的思想感情。

为管理好公田和柑园，杜甫还雇用了几个仆人帮忙，除了到夔州之时便雇用的阿段之外，还有信行、伯夷、辛秀、阿稽，他们负责柑林和蔬菜，公田则交给行官张望管理。“青冥曾巅后，十里斩阴木。人肩四根已，亭午下山麓。”（《课伐木》）杜甫曾督理伯夷、辛秀、信行等入山谷伐木，用木栅把草堂保护起来。“六月青稻多，千畦碧泉乱。插秧适云已，引溜加溉灌。……终然添旅食，作苦期壮观。遗穗及众多，我仓戒滋蔓。”（《行官张望补稻畦水归》）他又提醒张望及时给东屯的稻田补水，盼望能获丰收，则旅居口粮就有了保障，自家的粮仓装到够吃为止，其余的分给人民。为便于管理水稻，杜甫又迁到东屯居住。这时，忠州司法参军吴郎来夔州寻觅居住之所，杜甫与他有姻娅关系，遂将瀼西草堂借给他。这次搬家也是杜甫在夔州最后一次移居。

这年重阳节，杜甫拖着病躯独自一人登上白帝城外的高台，登高临眺，百感交集。望中所见，激起意中所触；萧瑟的秋江景色，引发了他身世飘零的感慨，渗入了他老病孤愁的悲哀。于是，就有了这首被誉为“七律之冠”的《登高》。

风急天高猿啸哀，渚清沙白鸟飞回。
无边落木萧萧下，不尽长江滚滚来。
万里悲秋常作客，百年多病独登台。
艰难苦恨繁霜鬓，潦倒新停浊酒杯。

——杜甫《登高》

译文如下：天高风急，猿声凄切悲凉，清澈的水中群鸥嬉戏盘旋。无穷无尽的树叶纷纷落，长江滚滚涌来奔腾不息。悲对秋色感叹漂泊在外，暮年多病我独自登高台。深为憾恨，鬓发日益斑白；困顿潦倒，病后停酒伤怀。

这首诗后来成为名振千古的悲歌。诗人通过登高纵目感怀的形象，把国事、家事、百姓事、个人事诸多的“艰难苦恨”，融入广漠的江峡秋景之中，造成深邃而悲壮的意境。这首诗也可视为杜甫晚年生活、思想、情感、心境、诗艺的代表作，充分体现了杜诗“沉郁顿挫”的风格特征。通篇四联皆为对仗，工整而自然，沉着而凌厉，表现了高超的语言功力。明代胡应麟称它为“古今七律第一”，是当之无愧的。

这年十月十九日，杜甫在夔府别驾元持家里偶然看到了一场精美绝伦的剑器舞，舞者名叫李十二娘，是公孙大娘的弟子。这让他想起年少时曾经在郾城的街头看到过公孙大娘舞剑器舞的情景，因舞思人，写出了千古名篇《观公孙大娘弟子舞剑器行并序》。

大历二年十月十九日，夔府别驾元持宅，见临颍李十二娘舞剑器，壮其蔚跂，问其所师，曰：“余公孙大娘弟子也。”开元三载，余尚童稚，记于郾城观公孙氏，舞剑器浑脱，浏漓顿挫，独出冠时，自高头宜春梨园二伎坊内人洎外供奉，晓是舞者，圣文神武皇帝初，公孙一人而已。玉貌锦衣，况余白首，今兹弟子，亦非盛颜。既辨其由来，知波澜莫二，抚事慷慨，聊为《剑器行》。昔者吴人张旭，善草书帖，数常于邺县见公孙大娘舞西河剑器，自此草书长进，豪荡感激，即公孙可知矣。

昔有佳人公孙氏，一舞剑器动四方。
观者如山色沮丧，天地为之久低昂。
霍如羿射九日落，矫如群帝骖龙翔。
来如雷霆收震怒，罢如江海凝清光。
绛唇珠袖两寂寞，晚有弟子传芬芳。
临颍美人在白帝，妙舞此曲神扬扬。
与余问答既有以，感时抚事增惋伤。
先帝侍女八千人，公孙剑器初第一。
五十年间似反掌，风尘澒洞昏王室。
梨园弟子散如烟，女乐余姿映寒日。
金粟堆南木已拱，瞿唐石城草萧瑟。
玳筵急管曲复终，乐极哀来月东出。
老夫不知其所往，足茧荒山转愁疾。

——杜甫《观公孙大娘弟子舞剑器行并序》

序文译如下：唐大历二年（767年）十月十九日，我在夔府别驾元持家里，有幸观看了临颍李十二娘跳剑器舞，觉得她舞姿矫健多变，非常壮观，就问她是向谁学的，她说："我是公孙大娘的弟子。"玄宗开元三载的时候，我还年幼，曾经在郾城观看过公孙大娘跳《剑器》和《浑脱》舞，流畅飘逸而且节奏明朗，超群出众，当代第一。那个时候，从皇宫内的宜春、梨园弟子到宫外供奉的舞女中，懂得此舞的，也就公孙大娘一人而已。当年她服饰华美，容貌漂亮；如今我已是白首老翁，连她的弟子李十二娘，都已经不是年轻女子了。了解了她舞技的渊源，看到她们师徒的舞技一脉相承，抚今追昔，心中无限感慨，就写了《剑器行》这首诗。听说过去吴州人张旭擅长书写草书字帖，在郧县经常观看公孙大娘的西河剑器舞，从此草书书法大有长进，豪放激扬，放荡不羁，由此可知公孙大娘舞技之高超了。

文译如下：从前有一个美丽的佳人名叫公孙大娘，每当她跳起剑器舞来，四方都要被轰动。前来观看的人很多，连天地都被她的舞姿感染，起伏震荡。她手中的剑光璀璨夺目，就像后羿射落了天上的九个太阳；她的舞姿矫健敏捷，就像天神驾驶着神龙飞翔。起舞的时候剑势如雷霆万钧，令人屏息；收舞时平静，好像江海凝聚的波光。如今佳人已经变老，再也不能见到她的舞姿了，好在还有弟子能够把她的舞技继承下来。临颍美人李十二娘在白帝城表演，她的舞蹈精妙无比，神采飞扬。她和我谈论了关于剑舞的来由，我怀念起过去的事情，平添了无限惋惜哀伤。当年玄宗皇上的侍女，大约不下八千人，剑器舞姿数公孙大娘最好。五十年的光阴，顷刻之间便已经过去，连年战乱烽烟弥漫，朝政昏暗无常。那些梨园子弟们，都一个个烟消云散了，只留李氏的舞姿，掩映着冬日的寒光。金粟山玄宗墓前的树木，已经合抱，瞿塘峡白帝城一带，秋草萧瑟荒凉。玳弦琴瑟急促的乐曲，又一曲终了，明月初出，乐极生悲，我心中惶惶。我这老夫，真不知哪是要去的地方，荒山里迈步艰难，越走就越觉凄伤。

4

杜甫在夔州的生活应该说是比较富足的，既有四十亩柑橘园收获，又有百顷良田管理，还有好几个仆人可以照顾生活，可为什么要离开夔州呢？大概有两方面的原因。第一，杜甫一直没有打消回到长安和洛阳的想法，离开成都的目的地本身也不是这里。第二，杜甫对夔州的风俗习惯十分不认可，甚至有点格格不入，他写过一首诗。

夔州处女发半华，四十五十无夫家。
更遭丧乱嫁不售，一生抱恨堪咨嗟。
土风坐男使女立，应当门户女出入。
十犹八九负薪归，卖薪得钱应供给。
至老双鬟只垂颈，野花山叶银钗并。
筋力登危集市门，死生射利兼盐井。
面妆首饰杂啼痕，地褊衣寒困石根。
若道巫山女粗丑，何得此有昭君村？

——杜甫《负薪行》

诗意如下：夔州的女子不少已经是四五十岁头发花白了，还找不到婆家。由于战乱，男人们都被征兵了，大多数都战死在沙场，这些女人就更难嫁出去了，只能怀着怨恨长吁短叹。这里的风俗是男的坐着，女的站着，男子在家操持家务，女的外出干活。她们十有八九都要上山砍柴，然后背着柴草到集市上卖钱养家糊口，甚至还要贩卖私盐获得钱财。她们多是老姑娘，到老脖子上都还垂着双鬟，还将野花和银钗插在一起。她们虽然戴着首饰也化了妆，可仍然掩藏不住脸上的泪痕。她们衣着单薄，蜷缩在山脚。如果说巫山这一带的女子都长得又粗又丑嫁不出去，那为什么这里会有昭君村？这种女主外男主内的习俗让在中原地带长大、又出身于官宦之家的杜甫难以接受，虽然也理解是战乱让男子成了稀缺资源，但依然看不惯这种习俗。他还在一首诗中写道："异俗吁可怪，斯人难并居。家家养乌鬼，顿顿食黄鱼。"（《戏作俳谐体遣闷二首》）直接说这个地方的风俗太奇怪了，让我实在难以适应，每家都养着鸬鹚，每顿饭都吃黄鱼。

另外还有一个最重要的原因，就是他接到了弟弟杜观的来信，说已经在当阳县找好了住处，催他出峡。

综合这些原因，杜甫便毅然离开了这个生活了将近两年的地方。杜甫在夔州时有四百多首作品，这些诗篇的内容涵盖国家的、个人的和亡友的，非常全面，可以看出是诗人有意系统的创作。体会杜甫的用心，可能是感到身老多病，来日不多，趁夔州生活比较安定，及时把一生所历形成文字，以期对后辈有个交代。这部分作品是研究杜甫、研究安史之乱发生后唐王朝所经历的种种厄运的绝好材料，许多方面弥补了史书的不足，值得珍视。

第十九章
末　路

从江陵到公安，从公安到岳阳，从岳阳到潭州，从潭州到衡州，从衡州到……他真的累了，累得睡了，然后就没有然后了。

湖南为客动经春，燕子衔泥两度新。
旧入故园尝识主，如今社日远看人。
可怜处处巢居室，何异飘飘托此身。
暂语船樯还起去，穿花贴水益沾巾。
——杜甫《燕子来舟中作》

引　言

大历三年（768 年）元月中旬，杜甫离开了夔州，乘舟穿越三峡，向江陵出发。三月初，抵达江陵，暂住在从弟杜位宅中。杜位是李林甫的女婿，当年受到岳父的牵连被流放到南方，此时出任江陵行军司马。自从安史之乱以来，洛阳邓州以及襄州一带的难民大多投奔江湘，因此荆州变得非常繁荣，成为一个交通枢纽。从地图上不难看出，荆州往北

可以经过襄阳到达洛阳和长安，往南可以到达潭州、桂林、广州，往西则是前往蜀地的必经之路。

杜甫把妻儿一行人安排在当阳暂住，自己则回到江陵寻找支持。当时的荆南节度使卫伯玉很受朝廷的信任，杜位在节度使署里任行军司马，郑申为江陵少尹。杜甫和这些人多多少少都有一些关系。本想从他们那里得到一些帮助，但实际上得到的帮助非常有限，生活是一天比一天困苦，身体更是一天不如一天。他的耳朵聋了，别人和他交流的时候需要把话写在纸上给他看。他的右臂也枯了，写字都要靠儿子代书。面容憔悴的他遭受了无数冷遇，有时候他拄着拐杖去拜访这些旧知，连看门的人都不愿意帮他传达。他在《秋日荆南述怀三十韵》中描述自己的形象："苦摇求食尾，常曝报恩腮。结舌防谗柄，探肠有祸胎。苍茫步兵哭，展转仲宣哀。饥籍家家米，愁征处处杯。"这就是一个写了许多伟大诗篇的文人当时的状态，这种状态下的杜甫放弃了自己的骄傲，放弃了自己的清高，放弃了自己的身份，但是仍然没有放弃的是心中的家国天下。就是在这种困苦的情况下，他作《江汉》诗以述怀。

江汉思归客，乾坤一腐儒。
片云天共远，永夜月同孤。
落日心犹壮，秋风病欲苏。
古来存老马，不必取长途。

——杜甫《汉江》

译文如下：我在汉江一带漂泊，思念着家乡的故土却不能回归，在这茫茫的天地之间，我只是一个行将就木的老儒。遥望远处的天空，有一片孤独漂浮的白云，在寂寞的夜晚有一轮孤独的明月，大概只有那片云和那轮月与我共同忍受孤独了吧！我虽然年老体衰，没有多少时日可活了，但是我报效国家的雄心仍在，面对着飒飒秋风，我感觉身体好转很多。自古以来之所以要养着老马，都是因为其智慧和阅历很有价值。

所以，我虽然年老多病，还是会有所作为的。

实际上，杜甫之所以从夔州来到这里，并非要定居此地，只是想停留一些时日，然后北归洛阳。只是不巧的是，这年二月商州兵马使刘洽叛变，六百里广袤的商於地区陷入战乱，交通阻隔；八月，吐蕃进攻凤翔，长安又陷入了危险的境地。这一系列的变故耽误了他的行程，让他在这里一直滞留到了深秋，以致穷困潦倒无路可走。

杜甫在江陵祈求援助，他的一家老小在当阳县也快要揭不开锅了。他没有办法，便把家小接到江陵，然后在江陵南浦登船，迁居到江陵以南的公安县。临上船时，杜甫写诗寄给江陵少尹郑审。

更欲投何处，飘然去此都。
形骸元土木，舟楫复江湖。
社稷缠妖气，干戈送老儒。
百年同弃物，万国尽穷途。
雨洗平沙静，天衔阔岸纡。
鸣螀随泛梗，别燕赴秋菰。
栖托难高卧，饥寒迫向隅。
寂寥相呴沫，浩荡报恩珠。
溟涨鲸波动，衡阳雁影徂。
南征问悬榻，东逝想乘桴。
滥窃商歌听，时忧卞泣诛。
经过忆郑驿，斟酌旅情孤。

——杜甫《舟出江陵南浦，奉寄郑少尹》

译文如下：离开这里，我都不知道还会漂流到何处。我形如土木、不修边幅，如今又要乘舟漂泊在江湖之上。战乱如同妖气笼罩着江山社稷，此起彼伏的干戈断送了我这位老人回乡的念头。人生不过百年，可叹我如同被遗弃了一样，辗转各地，处处都仿效阮籍哭穷途。瞧那大雨洗过的平沙多么干净，那与长天衔接起来的广阔江岸弯弯曲曲。寒螿停在水面漂浮着的木头上叫，开始向南飞翔的燕子掠过江边的秋菰。流落在他乡难以安心高卧，饥寒交迫独自伤心。庄子说：“鱼相呴以湿，相濡以沫。”像那样对待我的人真的寥寥无几。相传隋侯见到蛇受了伤，便以药物帮助它，蛇后来衔来宝珠报答他。我本来也想报恩，可是这茫茫大地，让我何处去寻找这报恩之珠。汪洋水涨、鲸波翻滚，向着衡阳方向飞翔的大雁正在征途之中。我也想到南边去，但不知能否得到当地长官的礼遇，就像汉代的太守陈蕃特意为徐稚扫榻。孔子曰：“道不行，乘桴浮于海。”如今我也想东入大海去追随夫子乘桴。春秋时，卫人甯戚想见齐桓公，可惜他家境贫寒，没有盘缠，只好为商贾们赶牛车。几经辗转，总算到了齐国。他夜宿城门之外，正好碰到齐桓公出门迎客，于是便敲击牛角，高歌抒怀。齐桓公听到他唱歌的内容，知道这个人非同一般，便请他入城，拜为宰相。卞和得到一块玉璞献给楚王，王刖其足，乃抱璞哭于荆山之下。知己难逢，我为那位被桓公听了商歌而得到重用的宁戚而高兴，又为那位抱璞而哭的卞和而心忧。我永远也不会忘记您这位驿马迎宾的郑少尹，把我接到湖亭雅集；您热情地为我斟酒，以慰藉我的客旅情怀。

通过这样的诗句，我们看到杜甫确实是无路可走了，北边战乱，江陵无依无靠，他的诗歌也吟唱到了最后的阶段，已经没有了多少高亢的声音，只剩下一些日暮西山的哀叹。即便如此，他也没有放下一个文人的责任，他始终在反映广大劳苦大众的生活。也许他已经两眼昏花，可是他看这大唐江山下老百姓的疾苦，却看得越来越清晰。

1

公安与江陵的距离只有九十里，杜甫顺流而下很快就到了。在公安，他遇到了旧识顾戒奢。这个人在玄宗时代曾担任太子文学翰林待诏，以书法而闻名，如今和杜甫一样流落江湖，惨淡谋生。杜甫得知他将往洪州、吉州等地去谋求出路，便有诗句："追随二十载，浩荡长安醉。高歌卿相宅，文翰飞省寺。"回忆昔日两人的交情。以"我甘多病老，子负忧世志。胡为困衣食，颜色少称遂"来感叹今日困境，并希望他日后仍能心怀苍生痛苦。这一家人在公安滞留了几个月，经历了世态炎凉，从《久客》中的一句"衰颜聊自哂，小吏最相轻"，可见连小吏都没给杜甫好脸色。于是，杜甫决定离开这里前往岳阳。

北城击柝复欲罢，东方明星亦不迟。
邻鸡野哭如昨日，物色生态能几时？
舟楫眇然自此去，江湖远适无前期。
出门转眄已陈迹，药饵扶吾随所之。
——杜甫《晓发公安》

译文如下：公安北城上的打更声响得令人厌弃，东方的启明星也出现得并不算迟。邻居家的公鸡还像昨天一样鸣叫，这样的情景还能延续到什么时候？马上就要乘着舟船离开此地，远走江湖没有任何预期。出门之后转眼已经成为历史，药物能让我支撑到什么时候就算什么时候吧！

离别的日子并没有什么与众不同的地方，杜甫既不觉得离开有什么可悲的，也不为离开之后依然没有着落而感到悲惨。他所悲哀的是数月寓居于此，而从此以后，也不知道还有几个数月可以挥霍。

就在这样一个清冷的清晨，杜甫一家踏上了那条已经破旧的木船沿江而下，一路行来，眼睛所见的都是冬日里万物的萧瑟和战乱中民生的凋敝。

天下郡国向万城，无有一城无甲兵。
焉得铸甲作农器，一寸荒田牛得耕。
牛尽耕，蚕亦成。
不劳烈士泪滂沱，男谷女丝行复歌。
——杜甫《蚕谷行》

译文如下：天下各郡的城池有上万座，没有一座中没有兵器甲胄。什么时候才能把这些兵甲铸成农具，让天下每一寸土地都得到耕种呢？倘若如此，耕牛尽其用，桑蚕业有成，就不需要战士们流血流汗了。到时候天下人男耕女织、安居乐业，人们一边耕作一边歌唱，那该多好啊！

这首诗既概括了杜甫半生所见，也道出了天下百姓心中的愿望，以极为朴素和精练的语言涵盖了丰富的内容。

这年年底，杜甫到达了岳阳城。岳阳城最有名的当属岳阳楼，岳阳楼上可观望洞庭湖美景，自古以来不少文人骚客在这里吟诗作赋，记录胜景。杜甫也登上此楼，看着烟波浩渺的洞庭湖水，心中泛起的却是国家之忧和身世之苦，写出了千古绝唱《登岳阳楼》。

昔闻洞庭水，今上岳阳楼。
吴楚东南坼，乾坤日夜浮。
亲朋无一字，老病有孤舟。
戎马关山北，凭轩涕泗流。

——杜甫《登岳阳楼》

译文如下：早就听说洞庭湖的盛名，今天终于有机会登上岳阳楼观看。湖水之大把吴楚大地分裂为东、南两个方位，洪涛鼓荡，仿佛整个天地都在为之沉浮。现如今，亲朋好友个个都音信全无，我年老多病，宛若一叶孤舟飘荡在天地之间。北边关山的战火始终不曾停息，我扶着岳阳楼的窗户远眺，不禁涕泪横流。

这年冬天，杜甫横舟于洞庭湖之上，参与到洞庭湖边人民的生活之中，写出了他晚年最重要的杰作《岁晏行》，诗中哀叹楚地人民在苛税下的悲惨遭遇，思想十分深刻。

岁云暮矣多北风，潇湘洞庭白雪中。
渔父天寒网罟冻，莫徭射雁鸣桑弓。
去年米贵缺军食，今年米贱大伤农。
高马达官厌酒肉，此辈杼柚茅茨空。
楚人重鱼不重鸟，汝休枉杀南飞鸿。
况闻处处鬻男女，割慈忍爱还租庸。
往日用钱捉私铸，今许铅锡和青铜。
刻泥为之最易得，好恶不合长相蒙。
万国城头吹画角，此曲哀怨何时终。

——洞府《岁晏行》

译文如下：岁末之时，遍地北风呼啸，皑皑白雪包裹了潇湘洞庭。寒冷的天气冻结了渔父的渔网，莫徭人射雁拉响桑弓。去年米贵连军粮都十分缺乏，今年米贱却严重地伤害了农民。骑着大马的达官贵人吃厌酒肉，百姓们却穷得连织机、茅屋都扫空。楚人喜欢鱼虾不愿吃鸟肉，你们切莫杀害南飞的孤鸿。何况听说到处都有人卖儿卖女，来偿还租庸。过去用钱严禁私人熔铸，今天竟允许铅锡中掺和青铜。干脆用泥巴铸钱不是更省成本吗？但不应让好钱坏钱长时间欺骗和蒙蔽老百姓。各地城头的号角被吹响，这样哀怨的曲调几时才能告终？

这首诗每四句描写了人民的一种痛苦，最后两句为结束语，前四句描写了渔人之苦，中四句描写了农民之苦，紧接着描写了猎人之苦，后四句描写了被恶钱蒙蔽之苦。最后两句指出了民生凋敝的原因和心力交瘁之时发出的呐喊。杜甫一生为民悲歌已是精疲力竭，他切盼早一天能见到黎民康乐，从而结束这类辛酸哀怨的歌声。遗憾的是，他未能如愿，悲歌一直唱到生命的最后一刻。

2

大历四年（769 年）初春，杜甫决定到衡州投靠老友韦之晋，于是又踏上了行船。在离开岳阳之时，杜甫写了《南征》一诗。

春岸桃花水，云帆枫树林。
偷生长避地，适远更沾襟。
老病南征日，君恩北望心。
百年歌自苦，未见有知音。

——杜甫《南征》

译文如下：桃花汛涨到了湘江两岸，飘忽如云的白帆驶过枫林。为了活命我经常到异地去避难，想着离家乡越来越远，我禁不住泪洒衣襟。当我年老多病乘舟向南而行的时候，始终有一颗向北永念皇恩的心。我辛辛苦苦写了一辈子的诗歌，可叹到了今天依旧没有遇到一个知音。

从诗中可以看出，杜甫离开岳阳是在开春桃花汛的时候，本来想要北归，可是为了寻找生路，只好南征。

离开岳阳之后，杜甫的路线非常清楚，先经洞庭湖、青草湖进入湘江，过湘阴县、长沙县北部到潭州，然后从潭州出发经过长沙县南部、湘潭县、衡山县到达衡州。这一路环境险恶，两岸蛇鼠出没，途经险滩无数。在记录这一段行程的纪行诗中既有“篙工密逞巧，气若酣杯酒”（《水上遣怀》）、“舟子废寝食，飘风争所操”（《遣遇》）这样赞扬篙工的技巧、智慧与努力的句子，也有“石间采蕨女，鬻市输官曹。丈夫死百役，暮返空村号”（《遣遇》）这样描写战乱中劳苦大众苦难、悲惨和不屈的画面；既有“此身飘泊苦西东，右臂偏枯半耳聋”（《清明二首》）这样沉默无语的悲叹，也有“谁能叩君门，下令减征赋”

（《宿花石戍》）这样声嘶力竭的疾呼。人民越来越穷困，官家横征暴敛不减反增，杜甫一家更是早已一无所有，只剩下渐渐变冷的热血和越来越灼眼的老泪。杜甫把这些情景凝练成了一首完美的寓言诗。

客从南溟来，遗我泉客珠。
珠中有隐字，欲辨不成书。
缄之箧笥久，以俟公家须。
开视化为血，哀今征敛无。

——杜甫《遣从》

译文如下：有客人从南海来，送我一颗珍贵的珍珠，珍珠里面隐约有字，想要辨认却又无从辨认。我把它藏在箱子里，等待官家来征收，但日后打开箱子一看，珍珠却化成了血水。让我难过的是，如今我再也没有什么东西能够应付官家的征敛了。

这是一首寓言诗，更是一首政治讽刺诗。珍贵的“泉客珠”是由血和泪形成的，“隐字”则代表了老百姓的心中难言的隐痛。而末句的“哀”则说明老百姓已经是一穷二白了。

杜甫来到衡州之后，才知道韦之晋已在三月间改任潭州刺史，而且在潭州上任不久便死去了。杜甫听说这个噩耗后写道：“童孺交游尽，喧卑俗事牵。老来多涕泪，情在强诗篇。”（《哭韦大夫之晋》）命运仿佛故意在捉弄杜甫，他不远千里来到衡州投奔，在潭州擦肩而过，现如今主人身死，他无依无靠地站在衡州的江头，头顶烈日，汗流浃背。夏日的炎热让他不能呼吸，生活无门让他心力交瘁，于是，他决定调转船头北归，在夏末的时候，到达了潭州。

杜甫一家到了潭州之后依然要依靠一些朋友来接济生活，只能拖着衰老的病躯叩门求援，偶尔也会参加一些送别的活动。这个时期他作的《湘江宴饯裴二端公赴道州》，可见一斑。

白日照舟师，朱旗散广川。
群公饯南伯，肃肃秩初筵。
鄙人奉末眷，佩服自早年。
义均骨肉地，怀抱罄所宣。
盛名富事业，无取愧高贤。
不以丧乱婴，保爱金石坚。
计拙百僚下，气苏君子前。
会合苦不久，哀乐本相缠。
交游飒向尽，宿昔浩茫然。
促觞激百虑，掩抑泪潺湲。
热云集曛黑，缺月未生天。
白团为我破，华烛蟠长烟。
鸹鹖催明星，解袂从此旋。
上请减兵甲，下请安井田。
永念病渴老，附书远山巅。

——杜甫《湘江宴饯裴二端公赴道州》

译文如下：烈日照耀着水师的楼船，红色的战旗在江面上到处飘扬。诸公在这里送别南州的方伯，华筵初上，景象肃然。鄙人深蒙眷顾，早年间就很佩服您。论起情义如同骨肉，我的怀抱已经向您尽情倾诉。要是盛名和富贵有愧高贤，那还有什么可取的？不要以为遇到了乱世，您就不注意爱护您的身体。我生计拙劣远在在座的众人之下，只有在您面前才能舒展抑郁之气。只是聚会的时间实在是太短了，哀愁和快乐交织在一起。交游将尽，回想过去真令我感慨不已。多喝了几杯酒让我百感交集，不知不觉间伤心落泪。黑压压的热云开始聚拢起来，盈而复缺的月亮还没有升上天空，童仆们为了让我们凉爽一点把白团扇都扇破了，华烛之上盘曲着缕缕长烟。鸹鹖啼叫着催促启明星赶紧升起，而您也即将启程。希望您到任之后裁兵安民，大力发展农耕。您要是还挂念我这个身患消渴症的老人，就多给我捎些书信来。

秋冬之后杜甫的生活更加穷苦，甚至已经无法在岸上找到一个安身之所，一家人只能住在船上，缺衣少食是常态，唯一维持活命的方法就是到附近的渔市上卖一点草药。他在《北风》中以“北风破南极，朱凤日威垂”来表达自己流离失所的境况；在《白凫行》中以“鳞介腥膻素不食，终日忍饥西复东”来描写自己忍饥挨饿的现状。就这样，已经年逾五十八岁的杜甫和他的家人在漂泊中又熬过了一年。

大历五年（770年），新的一年开始了，杜甫的生活依旧没有什么改变，只能借着薄名伺偻在达官贵人身后参与一些应酬来讨得一点物资。在这段时间内，他写了不少应酬诗，其中最有名的当属《江南逢李龟年》。

岐王宅里寻常见，崔九堂前几度闻。
正是江南好风景，落花时节又逢君。
——杜甫《江南逢李龟年》

译文如下：当年在岐王宅里，常常见到您的演出；在崔九堂前，也曾多次欣赏您的艺术。没想到，在这风景极佳的江南，正是落花时节，能巧遇您这位老相熟。

该诗是杜甫绝句中最有情韵的一篇，他用七言绝句这样短小的体裁，表现出了丰富的内容，而在表现的过程中，又能达到举重若轻、浑然无迹的艺术境界。另外，这首绝句也是杜甫创作生涯中殿后的绝唱，品读起来，不觉让人潸然泪下。

当时杜甫还与一位叫苏涣的人交好。苏涣也是一名诗人，他时常到杜甫的船上拜访杜甫，顺便把自己的诗读给杜甫听，杜甫偶尔也会去苏涣的茅屋中串门。二人面对面坐着，谈论诗文，就像生不同时的司马相如和扬雄跨越时空会晤了。诗的力量如此伟大，甚至让杜甫觉得白发里又生出了黑发。船舷外仿佛有湘娥在水上悲啼。这段诗友之间的相聚一直持续到这年的四月份。

3

大历五年（770 年）四月的一天，潭州城内喊杀声一片，湖南兵马使起兵叛乱，杜甫不得不携家人沿江向南方避难。他驾着小船仓皇离开潭州，上溯湘水，南往衡州，一路上兵荒马乱，“销魂避飞镝，累足穿豺狼。隐忍枳棘刺，迁延胝胼疮”（《入衡州》）。到了衡州，喘息之后，又作《逃难》，总结一生的逃难生活。

五十白头翁，南北逃世难。
疏布缠枯骨，奔走苦不暖。
已衰病方入，四海一涂炭。
乾坤万里内，莫见容身畔。
妻孥复随我，回首共悲叹。
故国莽丘墟，邻里各分散。
归路从此迷，涕尽湘江岸。

——杜甫《逃难》

译文如下：从五十岁开始逃难以来，我已经变成白头老翁。这些年来流浪南北，到处逃难。破旧衣衫穿在瘦弱的身上，长时间奔走，寒苦不暖。老了之后得了很多疾病，四面八方全都生灵涂炭。广宽万里的天地，完全没有容身的地方。妻子儿女跟随着我，回想起来大家都感到悲叹。故乡变成了草木丛生的废墟，邻居们各自东西分散。归家的道路已经迷失方向，我的眼泪洒尽湘江两岸。

一家人在衡州居住了几日，杜甫计划继续向南去往郴州，因为他有一个舅父崔伟在郴州任录事参军。不料他的船行驶到耒阳附近的时候，遇到江水暴涨，天上刮着南风，船难以行进，停泊在方田驿附近断粮绝食，整整五天时间颗粒未进。正在这命悬一线的时候，耒阳一个姓聂的县令不知从何处得到了消息，连忙派人送来了丰富的食物。杜甫一家在性命垂危之际接受到这份珍贵的馈赠，感激涕零，写诗答谢盛赞聂县令的慷慨之心。由于水势不退，杜甫不得不放弃南下的计划，掉转船头返回衡州。

水落之后，聂县令派人到方田驿附近寻找杜甫踪迹，却一无所获，便认为杜甫一定被大水淹死了，为了纪念这位诗人，便在耒阳县附近给他建了一座空坟。也是因为这座空坟，产生了另外两种关于杜甫死亡的说法：第一种说法是杜甫年老体衰，连饿五天之后突然接到了牛肉美酒，痛饮饱食之后被撑死了；第二种说法是当时正值夏季，天气很热，聂县令送来的肉食不久便变质了，可杜甫舍不得扔掉，吃了变质的食物之后，中毒而死。当然这两种说法都是无稽之谈，实际上杜甫只是掉转船头向北而去了。

向北而去的杜甫确实已经穷途末路，到达衡阳之后略作休整，决定沿着湘江北上汉阳，然后回到朝思暮想的长安。他在衡阳上船的时候写道："北归冲雨雪，谁悯敝貂裘？"（《暮秋将归秦，留别湖南幕府亲友》）说明他离开的时候是在秋天，到达长安应该已经是深冬了。

可杜甫终究没有回到他朝思暮想的长安，也没有回到他魂牵梦萦的洛阳。从秋到冬，他的小船只是在湘江之上漂浮着，计划终归只是计划，贫穷和疾病让他失去了走出湘江的能力。他的最后一首诗《风疾舟中伏枕书怀三十六韵奉呈湖南亲友》，便是在这艘船上伏枕写完的。

轩辕休制律，虞舜罢弹琴。
尚错雄鸣管，犹伤半死心。
圣贤名古邈，羁旅病年侵。
舟泊常依震，湖平早见参。
如闻马融笛，若倚仲宣襟。
故国悲寒望，群云惨岁阴。

水乡霾白屋，枫岸叠青岑。
郁郁冬炎瘴，蒙蒙雨滞淫。
鼓迎非祭鬼，弹落似鸮禽。
兴尽才无闷，愁来遽不禁。
生涯相汩没，时物正萧森。
疑惑樽中弩，淹留冠上簪。
牵裾惊魏帝，投阁为刘歆。
狂走终奚适，微才谢所钦。
吾安藜不糁，汝贵玉为琛。
乌几重重缚，鹑衣寸寸针。
哀伤同庾信，述作异陈琳。
十暑岷山葛，三霜楚户砧。
叨陪锦帐座，久放白头吟。
反朴时难遇，忘机陆易沈。
应过数粒食，得近四知金。
春草封归恨，源花费独寻。
转蓬忧悄悄，行药病涔涔。
瘗夭追潘岳，持危觅邓林。
蹉跎翻学步，感激在知音。
却假苏张舌，高夸周宋镡。
纳流迷浩汗，峻址得嵚崟。
城府开清旭，松筠起碧浔。
披颜争倩倩，逸足竞骎骎。
朗鉴存愚直，皇天实照临。
公孙仍恃险，侯景未生擒。
书信中原阔，干戈北斗深。
畏人千里井，问俗九州箴。
战血流依旧，军声动至今。

葛洪尸定解，许靖力还任。
家事丹砂诀，无成涕作霖。
——杜甫《风疾舟中伏枕书怀三十六韵奉呈湖南亲友》

译文如下：轩辕黄帝制出的律管且把它收起来，虞舜弹过的五弦琴也撤下去吧！我如今身患风疾之症已经不能再弹奏了，还错将雄管当成了雌管吹，听到变了调的琴声伤透了我已经半死的心。古代圣贤的名声何其邈远，羁旅他乡的我病情一天比一天加重。船头每天晚上都向着汉阳的方向停泊；湖水平阔辽远，早早地又见到明亮的参宿之星。我苦忆京华，宛如马融闻笛，浑身颤抖，像王粲登楼在北风中敞开衣襟。我在寒冷中悲伤地眺望着远方的故乡，惨淡的云雾，在岁尾年末是这样阴冷。水乡雾霾中的茅屋，若隐若现；枫林萧索，叠加着青山。浓郁的冬季瘴气起来了，迷蒙的阴雨一直下个不停。忽然传来不合礼制的祭祀鼓声，弹奏击鼓就像猫头鹰的哀鸣。我刚刚感到有一点释怀，谁知道忽然又愁苦不已。生活的压力让人沉沦，眼前的景物又让我伤感，世路难行，杯弓蛇影，总是疑畏多端；长期羁留在他乡难以回到长安。我曾经为了救房琯而诤谏忤旨，就像辛毗直谏惊扰了魏文帝；又像扬雄欲投阁自杀，本为刘歆之子牵连。自从弃官客居秦州之后，何处才是我容身之所？我才疏学浅，诸位对我的抬爱让我感激不尽。我倒是安于喝不加一点糁子的野菜羹。你们诸位都是国家的精英。我那个随身携带的破乌皮几缝了又缝，我的衣服也是补丁摞补丁。我的哀伤就像庾信一样忧国伤时；淹留忧苦，写不出陈琳那样的好文。十个暑天穿的都是岷山产的葛衣，霜经三度，听厌了楚户的砧声。我曾做郎官追随陪侍于锦帐，如今已经有许久没有摇着白头长吟了。返璞归真的时代再难遇到，唯苦摇求食之尾；贵贱荣辱都不去计较，就更易沉沦。生活贫困至数粒而食，急需援助，却不曾接受暗昧的财物。最好让青草将思归的愁怨封闭起来。可是到了这里，又担心我的忧虑玷污了桃花源，寻不到可以栖身的地方。我像蓬草一样随风飘转；沿途还需要服药行散，药已经不生效了，心情更加烦躁。跟在潘岳的后面，掩埋了早殇的幼女，真想到林中去寻找夸父逐日时扔掉的那根拐杖，扶着我越过世途的艰难。可笑我邯郸学步无法入乡随俗，最感激诸公对我的知遇之恩。你们借来苏秦和张仪三寸不烂之舌，吹嘘我是天子剑上的周宋之镡。海纳百川，终成浩瀚；泰山不让土壤，得以高大。城府的大门冲着朝阳一面敞开，苍松翠竹掩映着清清的流水。人们的脸上都堆满了笑容，骑着快马来投奔诸公。你们都具有慧眼，能赏识像我这样愚笨而又耿直的人。唯愿苍天大地也能知道我感恩诸公的赤诚。蜀将割据，仿佛公孙述仍凭着天险和朝廷对峙；侯景作乱，也难以活捉。很久没有收到洛阳的任何信息了，长安也还陷在干戈之中。客居使人畏惧，常有生命之虞；入境而问禁，入乡而随俗。战火兵乱依旧，作战声至今不断。老病穷困，客居异乡，吃药无效，伤心事多，岂非必死？我只恨我自己没有能力安排好一家老小，只恨自己一生一事无成，实现不了抱负。我流着眼泪写完这首诗，饮泣待毙。

这是杜甫的绝笔之作，也是诗人为自己写的“讣闻”和托孤的遗嘱。这首诗之后，我们再也读不到杜甫的新诗了。不久，他怀着对国家的深重忧虑和对人民的莫大悲悯，割舍了与他同甘共苦的夫人，抛下他谋生乏术的弱男幼女，在这个寒冷的冬季，没于湘江之上，享年五十九岁。

杜甫去世后，家人无力把他的灵柩运回家乡，只好停放在岳阳。直到四十三年之后，他的孙子杜嗣业四处筹措资金，经过很大的努力，才把杜甫的灵柩运回故乡，安葬在偃师西北的首阳山下，安葬在他最崇敬的十三世祖杜预的坟旁。

第二十章
成　圣

杜甫一辈子没得过什么“文学奖”，去世的时候也没有几个“粉丝”，那么他“诗圣”的威名又是如何而来的呢？

至于子美，盖所谓上薄风骚，下该沈宋，言夺苏李，气吞曹刘，掩颜谢之孤高，杂徐庾之流丽，尽得古今之体势，而兼人人之所独专矣。诗人已来未有如子美者。

——节选自元稹《杜甫墓志铭》

杜甫就这样病死在湘江的小船之上，他的死在当时没有引起任何反响。虽然杜甫被后世尊称为“诗圣”，但在当时他不过是一个名不见经传的小人物。他有“致君尧舜上，再使风俗淳”的伟大理想，也做过几天小官，可在政治上却毫无建树；他写了一千多首脍炙人口的诗歌，但没有一首入选过当时流行的选本。也就是说，无论在哪一方面，杜甫都没有进入主流。我们知道，杜甫一生交友无数，他跟李白、岑参、高适、王维等大诗人都有过很多的交往，但是这些大诗人现存的诗文中还没有发现任何一首直接赞扬杜甫的诗文，这多多少少能够说明一些问题。

在杜甫去世后，特别是在中晚唐时期，这种情况发生了很大的变化。一些著名的诗人开始极力推崇杜甫，这些人以白居易、元稹和韩愈为代表，他们给了杜诗极高的评价，一些诗集中也开始收录杜甫的诗文。这种现象是什么原因造成的呢？通过对盛唐时代推崇的诗人的作品我们可以看出，在当时最受欢迎的诗歌应该是明快的、乐观的、高昂的、有想象力的，就像李白的“君不见，黄河之水天上来，奔流到海不复回”，可以说在当时浪漫主义的风潮左右了诗坛。而杜甫的诗文沉郁顿挫、严肃深沉，充满了现实主义的特点。这就是杜诗在那个时代没有进入主流的原因。这谈不上什么审美的高低，更谈不上什么命运的不公。因为我们不能苛求一个时代去迎合一个诗人，也不能要求这个诗人一定要迎合这个时代。

最早把杜甫和“圣人”联系起来的人是宋代婉约派大词人秦观。秦观在《韩愈论》中把杜甫和孔子放在一起比较，他说孔子的思想是他那个时代集大成的，杜甫的诗文就像孔子的思想一样，也是集大成的。当时，很多文人甚至把杜甫比作周公，他们认为杜甫的诗文和《论语》《孟子》一样，都是儒家的经典之作。

不过，直接把“诗圣”桂冠戴在杜甫头上的人却是明朝著名诗人、学者杨慎，他在《词品·序》中写道：“然诗圣如杜子美，而填词若太白之忆秦娥、菩萨蛮者，集中绝无。”这是杜甫“诗圣”这个称号的最早来源。

稍晚一些的明朝文人王稚登也说：“余曷敢言诗，问诸言诗者有云，供奉之诗仙，拾遗之诗圣。”意思是说，李白是诗仙，杜甫是诗圣。

后来又有一位研究杜甫的专家王嗣奭说：“青莲号诗仙，我翁号诗圣”，又说“诗圣神交盖有年”。从此，杜甫“诗圣”的这个称号就算固定下来了。

自古以来，华夏诗坛群星云集，仅仅唐宋两代著名的大诗人就有数百位之多，诗才与杜甫可以比肩的也不在少数，为何“诗圣”的桂冠单单落在了杜甫的头上呢？这个“圣”究竟圣在何处？笔者认为，杜甫的“圣”就“圣”在他的多情。

第一，杜甫的多情是他的忠君爱国之情。我们知道，杜甫的理想是“致君尧舜上，再使民风淳”，也知道长安十年他受到了许多不公平的待遇。甚至他的小儿子被饿死在奉先，他仍然在诗中说“生逢尧舜君，不忍便永诀”“葵藿倾太阳，自性固莫夺”。这说明在经历了这么多困苦之后，他仍然不忍心抛弃国家，抛弃君主，仍然要奉献自己的一切。他把自己比作葵藿，把君主比作太阳，表示自己要永远追随太阳，永远忠于太阳。实际上，杜甫也一直是这么做的。安史之乱爆发后，他带着家人逃难，一路生死挣扎，终于从奉先逃到了鄜州。刚刚安顿下来，听到肃宗即位的消息，马上不顾危险，自己到灵武去寻找皇帝。要知道在兵荒马乱的时代，每时每刻都有死亡的威胁，不管是自己还是家人都处在危险之中，可杜甫根本顾不上这些，在他的心中忠君爱国永远是第一位的。果然他离开家不久，就被叛军抓住了，困在长安整整一年时间。一年之后，又听说皇帝到了凤翔，他又不顾生死偷偷溜出长安，穿越战场到凤翔去投奔。要知道当时很多受到皇帝器重的大臣和文人被叛军抓住之后都投降了，还有很多人看到战乱，就躲到山林之中隐居去了，只有杜甫这个八品小官四处奔波就是为了寻找皇帝。要知道肃宗刚刚即位，而且肃宗的即位并非正常的新帝登基，而是在战乱之中他自己所为，一开始并没有得到玄宗的认可。说白了，这个皇帝能不能坐得住还是两说；而且安史之乱能不能在肃宗的带领下平息下来，也不得而知。在这种情况下，杜甫想都没有想，就做出了那样的举动，这只能说明在他的心里皇帝就是国家，找到了皇帝就等于找到了国家，找到了国家就找到了为国效力的机会。一个人在什么情况下能够忘了自己？恐怕只有在用情至深的情况下才有可能做到。所以说，杜甫对君主、对国家有着至深的感情。这是一种执着而坚定的信念，是一种舍生忘死的精神，是他被称为“诗圣”的最重要的一个原因。

第二，杜甫的多情是他对社稷和百姓之情。长安十年，杜甫一方面在上层社会里活动，一方面在下层社会中生活。他一只眼睛看着腐败和丑恶，另一只眼睛看着困苦和悲惨。难得的是，在这个过程中他既没有沉湎于上层社会的酒池肉林，也没有受限于下层百姓的怨恨情绪，始终能够客观地看待眼前的一切。他在《兵车行》中有诗句：“车辚辚，马萧萧，行人弓箭各在腰。爷娘妻子走相送，尘埃不见咸阳桥。牵衣顿足拦道哭，哭声直上干云霄。”这表现了对这个国家不合理的兵役制度的愤慨。他在《新安吏》中有诗句：“就粮近故垒，练卒依旧京。掘壕不到水，牧马役亦轻。况乃王师顺，抚养甚分明。送行勿泣血，仆射如父兄。”意在开导和劝慰不合理的兵役制度之下被抓走的人们。通过这一点可以看出，无论是对江山社稷还是对黎民百姓，杜甫都充满了爱惜之情。实际上杜甫绝大多数的诗文中都充满了对山河破碎的痛心和对黎民百姓的担忧。

第三，杜甫的多情是他对妻儿的关爱之情。杜甫一生只有杨氏一个妻子，他们二人可以说是受尽了磨难却依然不离不弃、白头偕老。杜甫三十岁成亲之后，每一个阶段的诗文中都能找到他妻子和儿女的影子。在逃难的时候，他说“众雏烂漫睡，唤起沾盘餐”：孩子们赶了一天的路都累坏了，朋友把饭做好之后，他把孩子们叫醒，看着他们狼吞虎咽的样子，既感到快慰同时又感到难过。再如，他看着天空的月亮说：“今夜鄜州月，闺中只独看。遥怜小儿女，未解忆长安。香雾云鬟湿，清辉玉臂寒。何时倚虚幌，双照泪痕干。”其中表达了对妻子和儿女满满的思念之情。还有，在他做官的时候，跟他的妻子、儿女好长时间没有通信，他在诗中写道：“去年潼关破，妻子隔绝久。”“寄书问三川，不知家在否。”“自寄一封书，今已十月后。”与妻子隔绝之后，给她写了一封信，书信寄出到现在已经十个月了，仍然没有收到回信，在这兵荒马乱之中不知道我的家还在不在。在杜甫的心中，他的妻子也非常理解他，在他的一首诗中写道：“老妻书数纸，应悉未归情。”他的妻子给他写了一封长信，信中写的都是对他不能回家的理解之情。另外，当他们生活安定的时候，夫妻和儿女们也充满了家庭的情趣。在成都草堂，他说“老妻画纸为棋局，稚子敲针作钓钩”：他的夫人在一张纸上画了一个棋盘，与他一起下棋；他的小儿子拿来一根针，敲弯之后做成鱼钩去溪边钓鱼。还说“昼引老妻乘小艇，晴看稚子浴清江”：杜甫牵着妻子的手，乘着一叶扁舟在江上游览，而他的儿子则在水中游泳。除此之外，杜诗中还有不少诗句展现了一家人其乐融融的场景。

第四，杜甫的多情是他对诗歌艺术的热爱之情。杜甫现存于世的一千多首诗中，风格极其丰富，或清新雅致，或豪迈奔放，或抑郁顿挫，或曲折迂回，更有许多诗句成了千古名句，世世代代都产生了巨大的影响。在他的儿子生日的时候，他说：“诗是吾家事，人传世上情。”可见他已经把自己对诗歌的热爱写入了家训之中。从艺术的角度来说，杜甫对语言的锤炼达到了炉火纯青的程度，我们熟知的很多成语都出自杜甫的诗句。比如，“云翻雨覆”出自“翻手作云覆手雨，纷纷轻薄何须数”，“历历在目”出自“历历开元事，分明在眼前”，“别开生面”出自“凌烟功臣少颜色，将军下笔开生面”，“明眸皓齿”出自“明眸皓齿今何在？血污游魂归不得”……我们都知道，只有最精练的语言才能成为成语，可见杜甫对艺术的极致追求也充满了感情。

第五，杜甫的多情是他对创新的执着之情。前面已经说过，杜甫的诗作在当时并没有得到主流的认可，依照杜甫的才情来说，他完全可以采用旧体诗的形式来博得世人的好感，可他却坚持了新的诗歌艺术形式，那就是律诗。在他的诗歌中，律诗占了一大半，其中《登高》甚至被称为“千古七律第一”，就是说这个律诗已经写到最高境界。所以我们说，杜甫的诗不但是对以往艺术传统的集大成，也开辟了律诗创作的一种新的规范。

综合以上的方方面面，我们可以得出结论：杜甫之所以成为“诗圣”，是因为不论他面临多少困难、多少不公、多少危险、多少次死亡，心中始终有情，始终多情。